Begriffe aus der Finanzwelt

GUIDE

Verlag Finanz und Wirtschaft AG

G U I D E

Begriffe aus der Finanzwelt

Herausgeber: Verlag Finanz und Wirtschaft AG
Hallwylstrasse 71, Postfach, 8021 Zürich

Redaktionelle Betreuung: Peter Kuster
Konzept, Grafik, Layout: Ruedi Rey, Gülbün Can
Illustrationen: Felice Bruno
Druck: Brunner AG, Kriens

Gedruckt in der Schweiz
8. Auflage, November 2002

ÜBERSICHT

Index sämtlicher Fachbegriffe .... **4 – 13**

Einleitung .... **15 – 16**

Kapitel I   **AKTIEN/OBLIGATIONEN** **19**

Wer die zwei klassischen Anlageinstrumente Aktie und Obligation mit ihren Eigenschaften kennt, hat das Fundament zum Verständnis der Finanzmärkte gelegt.

Kapitel II   **BÖRSEN** **49**

Wer erfolgreich anlegen will, muss wissen, wie die Börse im allgemeinen und die SWX im besonderen funktioniert.

Kapitel III   **DERIVATE** **71**

Das Universum der Derivate ist gewachsen. Aber nur wer die Mechanik eines derivativen Finanzprodukts versteht, kann auch dessen Risiken richtig einschätzen.

Kapitel IV   **ANLAGEFONDS** **99**

Die Fondsbranche unternimmt grosse Anstrengungen, die Transparenz zu erhöhen. Doch nach wie vor ist besser bedient, wer den Jargon beherrscht.

Kapitel V   **BANKEN/VERSICHERUNGEN** **111**

Die Finanzinstitute bilden das Rückgrat des Finanzplatzes. Wer sich für für das Anlagegebiet Banken und Versicherungen interessiert, findet hier die Informationen.

Kapitel VI   **KENNZAHLEN** **141**

Das Interesse an der Rechnungslegung hat sich seit den Bilanzskandalen in den USA schlagartig erhöht. Wer Bilanzen und Erfolgsrechnungen effizient lesen und Aktien richtig bewerten will, braucht Kennzahlen.

Anhang   **ADRESSEN** **165**

Die wichtigsten Adressen aus der Schweizer Finanzwelt

A

ABS `21`

Abschlag `20`

Abschreibung `142`

Absicherungsgeschäft `59`

Abwicklung `50`

Abwicklungsrisiko `112`

Ad-hoc-Publizität `50`

Adjustierung `142`

ADR `21`

Adressierte Offerte `50`

AFG `100`

AGB `112`

Agio `22`

Aktie `20`

Aktienbewertung `142`

Aktienbuch →Aktienregister `20`

Aktienfonds `100`

Aktien-Futures `92`

Aktiengesellschaft `20`

Aktienindex `50`

Aktienkapital `20`

Aktienregister `20`

Aktienrendite →Rendite `157`

Aktienrückkauf `20`

Aktiensplit `20`

Aktien-Warrant `72`

Aktienzertifikat `21`

Aktionär `21`

Aktionärsbeziehungen `51`

Aktionärswert `21`

Aktive Anlagestrategie `100`

Aktiven `142`

Aktivgeschäft `112`

Akzept-Auftrag `51`

Allfinanz `112`

Allgemeine Geschäftsbedingungen `112`

All-in-fee →Total expense ratio `107`

ALM `115`

Alternative Anlagen `21`

Alternative investments `21`

Alternative Risk Transfer `113`

American depositary receipts `21`

Amerikanische Option `72`

Am Geld →At the money `72`

Amortisation `21`

Anlageberatung `113`

Anlagefonds `100`

Anlagefondsgesetz `100`

Anlagefondskategorien `100`

Anlageliste `100`

Anlagepolitik `100`

Anlagesektor `101`

Anlagestiftung `101`

Anlagestil `101`

Anlagevermögen `142`

Anlagezielfonds `101`

Anleger `51`

Anleihe `21`

Annuität `142`

Anteil `101`

Anteilgebundene Lebensversicherung `113`

Anteilschein `101`

APT `143`

Arbitrage `52`

Arbitrage pricing theory `143`

ART `113`

Asiatische Option `72`

Asset allocation `101`

Asset-backed securities `22`

Asset management `138`

Asset stripping `143`

Asset swap `72`

Assets & Liabilities Management `115`

Assets under management `115`

At the money `72`

Aufgeld `22`

Aufpreis `22`

Aufschwung `52`

Aufsicht von Fonds `101`

Aufstockung `22`

Auftrag mit versteckter Menge `52`

Auftragsbuch `52`

Auftragsformen →Börsenauftrag `53`

Aufwand-Ertrags-Verhältnis `143`

Auktionsverfahren →Tenderverfahren `43`

Aus dem Geld →Out of the money `88`

Ausgabekommission `102`

Ausgabekurs `22`

Ausgabepreis `102`

Ausgliederung →Spin-off `42`

Auslandanleihe `22`

Auslandgeschäft `113`

Ausländischer Anlagefonds `102`

Ausleihungen an Kunden `113`

Ausschüttungsfonds `102`

Ausserbilanzgeschäft `113`

Ausserbörslicher Handel `52`

Ausübung `72`

Ausübungspreis `72`

B

Backoffice `113`

Baisse `52`

Bank für Internat. Zahlungsausgleich `113`

Bankbilanz →Aktivgeschäft `112`

Bankenaufsicht `114`

Bankengesetz `114`

Bankgeheimnis `114`

Bankinterne Sondervermögen `102`

Barausgleich `72`

Barrier-Option `73`

Basel II `114`

Basispreis `72`

Basispunkt `22`

Basiswert `73`

Basket `73`

Bear `52`

Bear price spread long `73`

Bear price spread short .... `73`

Bear time spread .... `74`

Bedeutende Aktionäre .... `23`

Bedingtes Kapital .... `23`

Benchmark .... `102`

Bestens-Auftrag .... `53`

Beta .... `143`

Beteiligungen .... `144`

Beteiligungsgesellschaft .... `60`

Betreute Kundenvermögen ...... `115`

Betriebliches Ergebnis .... `144`

Bezugspreis .... `72`

Bezugsrecht .... `23`

Bezugsrechtsbewertung .... `23`

Bezugsverhältnis .... `74`

Bilanz .... `144`

Bilanzanalyse .... `145`

Bilanzstrukturmanagement ...... `115`

Binäre Option .... `78`

Binomialmodell .... `74`

BIP .... `24`

BIZ .... `113`

BIZ-Eigenkapitalquote .... `115`

BIZ-Empfehlungen .... `115`

BIZ-Kernkapital .... `115`

Black-Scholes-Modell .... `74`

Blockhandel .... `53`

Blue chips .... `23`

Bodensatz .... `115`

Bond .... `23`

Bonität .... `24`

Bonitätsrisiko
  →Risiken von Obligationen ..... `40`

Bonus .... `24`

Book building .... `24`

Book value .... `146`

Boom .... `52`

Börse .... `53`

Börsenauftrag .... `53`

Börsengang .... `63`

Börsengesetz .... `53`

Börsenkapitalisierung .... `145`

Börsenkonzession .... `53`

Börsenmitglied .... `54`

Börsenordnung .... `54`

Börsenorgane .... `54`

Börsenpflicht .... `54`

Börsenrecht .... `53`

Börsensystem .... `55`

Börsenwert .... `145`

Börsenzeit .... `55`

Bottom up .... `102`

Bp .... `22`

Brady bonds .... `24`

Branchenfonds .... `102`

Break-even .... `80`

Briefkurs .... `55`

Broker .... `55`

Bruttogewinn .... `145`

Bruttoinlandprodukt .... `24`

Bruttoprämien →Prämien
  (brutto, netto, verdiente) ..... `131`

Bruttorendite .... `145`

Buchgewinn .... `145`

Buchverlust .... `145`

Buchwert .... `146`

Budget .... `146`

Bull .... `55`

Bull price spread long .... `74`

Bull price spread short .... `74`

Bull time spread .... `75`

Bullet bonds .... `24`

Bürgschaft →Unterstützungs-
  mechanismen von Obligationen `44`

Burn rate .... `146`

Butterfly spread .... `75`

C

Call .... `75`

Call-Put-Parität .... `75`

Cap .... `76`

Capital asset pricing model ..... `147`

CAPM .... `147`

Cash drain .... `147`

Cash extraction .... `76`

Cash-flow .... `147`

Cash ratio →Liquidität .... `155`

Cash settlement .... `72`

CD .... `25`

CEO .... `24`

Certificate of deposit .... `25`

CFO .... `24`

Chapter 11 .... `115`

Chart .... `55`

Chinese walls .... `116`

CIO .... `24`

Clearing .... `50`

CLN .... `77`

Closed-end funds .... `103`

Codes of conduct .... `68`

Collateral bonds .... `25`

Combined ratio .... `116`

Commercial banking .... `123`

Commercial papers .... `25`

Commodity funds .... `103`

Compliance .... `116`

Comptant .... `60`

Condor .... `76`

Conf-Futures .... `76`

Conversion .... `76`

Convertible bond .... `46`

COO .... `24`

Corner .... `55`

Corporate finance .... `137`

Corporate governance .... `56`

Cost-income ratio .... `143`

Coupon .... `25`

Courtage .... `56`

Covered warrant .... `80`

CP .... `25`

Credit default swap **77**
Credit-linked notes **77**
CreditWatch **46**
Cross default
  →Schutzklauseln von Obligationen **41**
Cross-selling **116**
Cum →Optionsanleihe **37**
Currency board **138**
Current ratio →Liquidität **155**

D

Dachfonds **103**
DCF-Methode **147**
Deckungskapital **116**
Default **25**
Deflation **25**
Delkredererisiko **116**
Delta **77**
Depotbank **103**
Depotstimmrecht **26**
Deregulierung **116**
Derivate **77**
Derivathäuser **77**
Derivative Instrumente **77**
Deutsche Methode **147**
Devisen **116**
Devisenoption **77**
Diagonal bear price spread **78**
Diagonal bull price spread **78**
Digitale Option **78**
Dilution **33**
Direct banking **117**
Direktplazierung →Plazierungsformen ... **38**
Direktversicherung →Erstversicherung .. **120**
Disagio **20**
Discount broker **56**
Discount-Produkt **78**
Discounted-Cash-flow-Methode **147**
Disintermediation **117**
Diskontgeschäft **117**

Diskontpapier **26**
Diskontsatz **117**
Dispobestand **26**
Diversifikation **148**
Dividende **26**
Dividendenrendite →Rendite **157**
Domestic bond **32**
Dotationskapital **117**
Dow Jones Industrial Average **56**
Due diligence **148**
Duration **26**
Durchschnittoption **72**
Dynamische Absicherung **78**

E

Earnings per share **151**
Ebit **144**
Ebita **144**
Ebitda **144**
EBK **118**
Ebt **144**
Ecart **56**
Economic value added **148**
Ecu →Euro **121**
Edelmetalle **118**
Effekten **56**
Effektenfonds **103**
Effektenhändler **57**
Eidgenössische Bankenkommission **118**
Eigenfinanzierung **148**
Eigenkapital **149**
Eigenkapital der Banken **118**
Eigenkapitalquote **149**
Eigenkapitalrendite **149**
Eigenmittelanforderungen **118**
Eigenmitteldeckungsgrad **118**
Eigenmittelunterlegung
  →Eigenmittelanforderungen **118**
Einmalprämie/-einlage **118**
Einschussmarge **78**

Einzelversicherung **119**
Embedded value **119**
Emerging markets **119**
Emission **27**
Emissionsabgabe **57**
Emissionsgeschäft **119**
Emissionshäuser **57**
Emissionspreis **22**
Emissionsprospekt **27**
Emittenten **27**
EmMa **119**
EMTN **28**
Enterprise value **161**
EPS **151**
Equity banking **119**
Equity futures **92**
Equity-Methode **149**
Erfolg aus dem Handelsgeschäft **119**
Erfolg aus dem Kommissions-
  und Dienstleistungsgeschäft **120**
Erfolg aus dem Zinsengeschäft **120**
Erfolgsrechnung **149**
Erfüllungsrisiko →Delkredererisiko **116**
Erstversicherung **120**
Ertragswert **150**
Eskomptieren **57**
ESZB **121**
Eurex **57**
Euro **121**
Euro commercial papers **27**
Euro medium term notes **28**
Eurobond **28**
Euromärkte **28**
Europäische Option **78**
Europäische Währungsunion **121**
Europäische Zentralbank **121**
Europäisches System d. Zentralbanken .. **121**
Europay →Telekurs **136**
EV **161**
Eva **148**

Ewige Anleihe 28
EWU 121
Ex →Optionsanleihe 37
Exchangeable 28
Exotische Option 79
EZB 121

F

Fachempfehlungen z. Rechnungslegung ... 150
Fed 121
Federal funds rate 121
Federal Reserve Board 122
Federal Reserve System 122
Federführer 28
Fed funds 121
Fer →Swiss Gaap 150
Festgeld 122
Festhypothek 122
Festübernahme 28
Fill- oder Kill-Auftrag 57
Financial engineering 122
Financial Futures 79
Finanzanlagen 122
Finanzierungsformen
  →Eigenfinanzierung 148
Finanzintermediär 122
Finanzplatz 123
Finanzwechsel 28
Firmenkundengeschäft 123
Fitch →Rating-Agentur 40
Fixed income 28
Flat 29
Floater 29
Floating 123
Floating rate note 29
Floor 79
Fluchtgelder 123
Fondsleitung 103
Fonds mit besonderem Risiko 104
Fonds-Rating 104

Fondsreglement 104
Fondstypen →Anlagezielfonds 101
Forderungen gegenüber Kunden 123
Foreign exchange →Forex 57
Forex 57
Forward 79
Forward rate agreement 79
FRA 79
Fraktion 58
Free Cash-flow 150
Free float 151
Freiwillige Reserven 157
Fremdfinanzierung →Eigenfinanzierung ... 148
Fremdkapital 151
Fremdplazierung →Plazierungsformen ... 38
Fremdwährungsanleihen 29
Front running 58
Fund of funds 104
Fundamentalanalyse 58
Fungibilität 29
Fusion 29
Futures 79
Futures auf Staatsanleihen 80

G

Gaap →US-Gaap 161
  →Swiss Gaap 150
Gamma 80
Garantie →Unterstützungs-
  mechanismen von Obligationen 44
Gearing 151
Gedeckte Option 92
Gedeckter Warrant 80
Gegenparteirisiko 123
Geld-Brief-Spanne 58
Geldflussrechnung 156
Geldkurs 58
Geldmarkt 29
Geldmarktbuchforderung 30
Geldmarktfonds 104

Geldmarktpapiere 30
Geldmenge 123
Geldpolitik 123
Geldwäscherei 124
Geldwäschereigesetz 124
Gemischte Anlagefonds 104
Genehmigtes Kapital 30
Generalversammlung
  →Organe einer AG 37
Genussschein 30
Geschäftsaufwand 124
Gesellschaftsrechtl. Anlagefonds 104
Gesetzliche Reserven 157
Gewinn pro Aktie 151
Gewinnausschüttungsquote 151
Gewinnmitnahme 58
Gewinnschwelle 80
Glass-Steagall Act 124
Glattstellung 58
Global custody 124
Going private →Publikumsöffnung 63
Going public 63
Golden parachutes 30
Goldene Bankregel 125
Goodwill 151
Gratisaktien 30
Greek letters 81
Green shoe 31
Greenback 125
Greenbacks →Greenback 125
Grossbanken 125
Grosskundengeschäft
  →Wholesale banking 139
Grundkapital →Aktienkapital 20
GS 30

H

Handelsbestände in Wertschriften 125
Handelsunterbruch 59
Händlerkategorien 59
Hauptwerte 59

Hausse `59`

Hebelfaktor `81`

Hebelwirkung `81`

Hedge funds `104`

Hedge ratio `81`

Hedging `59`

High flyers `31`

High water mark `31`

Historische Volatilität `81`

Holding `31`

Hot issue `31`

Hurdle rate →Performance fee `38`

Hybride Derivate `92`

Hypothek →Hypothekargeschäft `125`

Hypothekarfonds `105`

Hypothekargeschäft `125`

I

IAS `153`

IBRD `138`

Im Geld →In the money `82`

Immobilienbewertung `152`

Immobilienfonds `105`

Implizite Volatilität `82`

In the money `82`

Indexberechnung `152`

Indexfonds `105`

Index-Futures `82`

Indexgebundene Anlagestrategie `105`

Indexoption `82`

Indexzertifikat `82`

Indifferente Bankgeschäfte `125`

Individualkundengeschäft `125`

Inflation `31`

Inhaber →Inhaberaktie `32`

Inhaberaktie `32`

Inhouse-Fonds `105`

Initial margin `78`

Inlandanleihe `32`

Innerer Wert einer Aktie `153`

Innerer Wert eines Call `82`

Innerer Wert eines Put `83`

Insider `60`

Insidertransaktion `60`

Insolvenz `25`

Inspektorat `126`

Institutionelle Anleger `60`

Instrumentarium der EBK `126`

Interbank-Clearing-System `136`

Interbankengeschäft `126`

International accounting standards `153`

International Bank for Reconstruction
and Development `138`

International Monetary Fund `126`

Internationaler Währungsfonds `126`

Internationales Zahlungssystem `126`

Intersettle `60`

Inventarwert `105`

Inverse Zinsstruktur `32`

Investment banking `126`

Investmentgesellschaft `60`

Investment grade `32`

Investor `51`

Investor relations `51`

IPO `63`

IWF `126`

J

Joint-venture `32`

Junge Aktien `32`

Junk bonds `32`

K

Kantonalbanken `127`

Kapitaldeckungsverfahren `127`

Kapitalerhöhung `32`

Kapitalgeschützte Produkte `84`

Kapitalmarkt `33`

Kapitalschnitt `33`

Kapitalversicherung `127`

Kapitalverwässerung `33`

Kapitalwert `153`

Kappa `95`

Kassageschäft `60`

Kassamarkt `60`

Kassenobligation `33`

Keep well agreement →Unterstützungs-
mechanismen von Obligationen `44`

KGV `154`

Klumpenrisiko `127`

Knock-in-Option `84`

Knock-out-Option `84`

Kollektivanlagevertrag `106`

Kollektivversicherung `127`

Kollokationsplan `127`

Kommissionsweise Plazierung `33`

Konkurs `127`

Konkursdividende `34`

Konkursprivileg `128`

Konsolidierung `154`

Konsortium `34`

Kontraktvolumen `128`

Kontraktwert `84`

Kontrollstelle für die Bekämpfung
der Geldwäscherei `128`

Konzern `34`

Konzernrechnung `154`

Korrelation `154`

Korrelationsprodukt `84`

Kostensatz `128`

Kotierung `60`

Kotierungsreglement →Kotierung `60`

Kraftloserklärung `65`

Kreditderivat `84`

Kundengelder `128`

Kündigung von Obligationen `34`

Kündigungsrisiko
→Risiken von Obligationen `40`

Kurs `61`

Kurs-Buchwert-Verhältnis `154`

Kurs-Gewinn-Verhältnis 154

Kurspflege 61

Kurs-Umsatz-Verhältnis 155

L

Länderfonds 106

Länderrisiko 128

Large caps 59

Laufzeit 34

Lead manager 28

Lead order 34

League table 34

Leasing 129

Lebensversicherung 129

Leerverkauf 61

Leitzinsen 129

Leverage 81

Leveraged buyout 34

Leverage-Effekt 155

Liberalisierung →Deregulierung 116

Liberierung 35

Libid 35

Libor 35

Liefertag 84

Liegenschaftenbewertung 152

Limite 61

Liquidität 155

Liquiditätsvorschriften 129

Lombardkredit 129

Lombardsatz 129

London interbank bid rate 35

London interbank offered rate 35

Long bonds 44

Long call 85

Long-Position 61

Long put 85

Long straddle 85

Long strangle 85

Look-up period →Mitarbeiteraktien 35

M

Maintenance margin 86

Management buyout 35

Marchzins 35

Marge 130

Margenanalyse 86

Margin call 86

Market maker 61

Markowitz-Modell 156

Marktrisiko 156

Matcher 61

Mehrzuteilungsoption 31

Meldepflicht 62

Meldestelle für Geldwäscherei 130

Merchant banking 130

Mergers & Acquisitions 130

Mid caps →Nebenwerte 62

Mitarbeiteraktien 35

Mitgliedschaftsrechte →Aktie 20

Mittelflussrechnung 156

Mittelwertverfahren
  →Unternehmensbewertung 161

Moody's →Rating-Agentur 40

Multithemenfonds 106

Mutual fund
  →Gesellschaftsrechtl. Anlagefonds 104

N

Nachrangige Anleihe 35

Nachschuss 86

Naked warrant 95

Namen →Namenaktie 36

Namenaktie 36

Nasdaq 62

NAV 153

Nebenwerte 62

Negative pledge
  →Schutzklauseln von Obligationen 41

Nennwert 36

Nennwertrückzahlung 36

Net asset value 153

Net present value 154

Netto-Cash-Position 156

Nettoprämien
  →Prämien, brutto und netto 131

Nettoverschuldung 156

Neubewertungsreserve 130

Neuer Markt 62

New Market 62

New York Stock Exchange 62

Nichttraditionelle Anlagen 21

Niederstwertprinzip 156

Nominalwert 36

Notes 36

Notleidende Anleihe 36

NPV 154

Null-Prozent-Anleihe 36

Nyse 62

O

Obligation 37

Obligationenfonds 106

Odd lot 58

Offenlegung von Beteiligungen 62

Öffentliches Kaufangebot 63

Offshore-Finanzplätze 130

Offshore funds 106

Ökofonds 106

Open-end funds 106

Open-end-Zertifikat 86

Operating ratio 136

Operationelle Risiken 131

Opting out 63

Opting up 63

Option 86

Optionsanleihe 37

Optionsklasse 87

Optionsprämie **87**

Optionspreis **87**

Optionsrecht →Optionsanleihe **37**

Optionsschein **37**

Optionsserie **87**

Optionstyp **87**

Optionswert **87**

OTC →OTC-Derivat **87**

OTC-Derivat **87**

OTC-Option **88**

Organe einer AG **37**

Organkredite **131**

Out of the money **88**

Outsourcing **131**

P

Parabank **131**

Pari **37**

Pari passu

→Schutzklauseln von Obligationen **41**

Paritätskurse **63**

Partizipationsschein **37**

Passive Anlagestrategie *106*

Passiven *156*

Passivgeschäft **131**

Payer swap →Zinssatz-Swap **97**

Payout ratio *151*

Peg →Price-earnings to growth ratio ... *156*

→Währungsanbindung (B/V) **138**

P/E ratio *154*

Performance **38**

Performance fee **38**

Performance-Index →Indexberechnung ... *152*

Perpetual →Ewige Anleihe **28**

Pfandbriefbank →Pfandbriefe **38**

Pfandbriefe **38**

Pfandbriefinstitut →Pfandbriefe **38**

Pfandbriefzentrale →Pfandbriefe **38**

Physische Lieferung **88**

Plazierungsformen **38**

Portefeuille →Wertschriftenportefeuille ... **139**

Prämie **88**

Prämien (brutto, netto, verdiente) **131**

Prämienüberträge **132**

Preisindex →Indexberechnung *152*

Preis-Zeit-Priorität **63**

Price-book value ratio *154*

Price-earnings ratio *154*

Price-earnings to growth ratio *156*

Primärmarkt **39**

Privatbankiers **132**

Private banking **132**

Private equity **39**

Private placement **39**

Privatplazierung **39**

Prospektzwang →Emissionsprospekt ... **27**

Protection buyer →Kreditderivat **84**

Protection seller →Kreditderivat **84**

PS **37**

Publikumsöffnung **63**

Purchase-Methode *157*

Put **89**

Q

Qualifizierte Beteiligung **64**

Quantity adjusting option **89**

Quanto-Option **89**

Quick ratio →Liquidität *155*

Quorum **39**

Quotenkonsolidierung *157*

R

Raider **39**

Raiffeisenbanken **132**

Rally **64**

Range-Warrant **89**

Rating **39**

Rating-Agentur **40**

Ratio **74**

Ratio call spread **90**

RBA-Holding →Regionalbanken **132**

Receiver swap →Zinssatz-Swap **97**

Rechenschaftsbericht *106*

Rechnungsabgrenzungen *157*

Rechnungslegungsstandard →IAS *153*

→Swiss Gaap *150*

→US-Gaap *161*

Recovery rate **34**

Referenzpreis **64**

Referenzzinssatz **40**

Regionalbanken **132**

Relativer Optionspreis **90**

Rendite *157*

Rendite auf Verfall **40**

Renditedifferenz **40**

Rentenanleihe →Ewige Anleihe **28**

Rentenversicherung **132**

Repo-Geschäft **133**

Reporting **62**

Repo-Satz **133**

Reserven *157*

Reserven, freiwillige *158*

Reserven für allgemeine Bankrisiken **133**

Reserven, gesetzliche *158*

Reserven, stille *158*

Restlaufzeit **90**

Retail-Anleger **40**

Retail banking **125**

Retrozession **133**

Return on Equity *149*

Reversal **90**

Reverse convertible **90**

Revisionsstelle →Organe einer AG **37**

Rezession **64**

Rho **91**

Risiken derivater Instrumente **91**

Risiken von Obligationen **40**

Risiko *158*

Risikodiversifikation →Diversifkation ... *148*

Risikoformen →Risk management **133**

Risikofreier Zinssatz 91

Risikomanagement 133

Risikoprämie 158

Risiko-Rendite-Beziehung →Risiko 158

Risk based capital 135

Risk management 133

Road show 41

ROE 149

Rohstofffonds 103

Rückgaberecht 107

Rücknahmepreis 107

Rückstellungen 159

Rückstellungspolitik der Banken 133

Rückstellungssatz 133

Rückversicherung 133

S

S&P →Rating-Agentur 40

Sachanlagen 134

SBVg 134

Schadensatz 134

Schlusseinheit 64

Schreiber 91

Schutzklauseln von Obligationen 41

Schwankungsreserven
 →Sonderrückstellungen 135

Schweizer Börse 66

Schweizerische Bankiervereinigung 134

Schweizerische Effekten-Giro AG 64

Schweizerische Nationalbank 134

Schwellenländer 119

SEC 64

Secom 65

Securitization 134

Securities lending and borrowing 134

Sega 64

Sega Communication System 65

Segmentinformation 159

Sekundärmarkt 41

Sekundärplazierung 41

Selbstfinanzierung →Eigenfinanzierung .. 148

Selbstregulierungsorganisation 134

Sensitivität →Beta 143

Settlement 50

Settlement risk 112

SFA 107

Shareholder 21

Shareholder value 21

Share maintenance clause →Unterstüt-
 zungsmechanismen von Obligationen ... 44

Sharpe ratio 159

Short call 91

Short-Position 64

Short put 91

Short straddle 92

Short strangle 92

SIC 136

Sicav 107

Single stock futures 92

SIS Group 65

SIS SegaIntersettle 65

SIS Systems 65

Small caps 62

SMI 66

SNB 134

Société d'investissement à capital
 variable →Sicav 107

Soffex 65

Solvabilitätsspanne 135

Sonderrückstellungen 135

Sonstige Aktiven und Passiven 135

Sorgfaltspflichten d. Finanzintermediäre . 135

Sorgfaltspflichtvereinbarung 136

Speculative grade 42

Spekulation 65

Spekulative Qualität 42

SPI 66

Spin-off 42

Split →Aktiensplit 20

Spot price 92

Spread 42

Squeeze out 65

SRO 134

Staatsanleihe 42

Stakeholder 42

Standardabweichung 159

Standard & Poor's →Rating-Agentur 40

Standardwerte →Blue chips 23

Statische Absicherung 92

Stempel 65

Stempelabgaben 65

Step-up-Klausel 43

Steuerkurs 159

Stille Reserven 157

Stillhalter 92

Stillhalteroption 92

Stockdividende 43

Stock picking 43

Stop-Auftrag 65

Stop trading 59

Straddle →Long straddle 85
 →Short straddle 92

Straight 43

Strangle →Long strangle 85
 →Short strangle 92

Strike 72

Strukturierte Produkte 92

Stückelung 43

Subskription 47

Substanzwert 160

Support agreement →Unterstützungs-
 mechanismen von Obligationen 44

Swap 94

Swaption 94

Swift 126

Swiss Gaap 150

Swiss Interbank Clearing 136

Swiss market feed 66

Swiss Market Index 66

Swiss Performance Index 66

SWX Swiss Exchange `66`
Syndikat `34`
Systematisches Risiko `160`

T

Tantieme `43`
Tau `95`
Technical provision ratio `133`
Technische Analyse `66`
Technischer Deckungsgrad `136`
Technischer Ergebnissatz `136`
Technische Rückstellungen
→Prämienüberträge `132`
Telebanking →Direct banking `117`
Telekurs `136`
Tender offer `44`
Tenderverfahren `43`
TER `107`
Terminbörse `67`
Termingeschäft `94`
Terminkontrakt `94`
Themenfonds `107`
Thesaurierungsfonds `107`
Theta `95`
Tier 1 `115`
Tilgung →Annuität `142`
TMT `44`
Top down `107`
Total expense ratio `107`
Total return `160`
Total return swap `95`
Transaktionskosten `67`
Transferrisiko
→Risiken von Obligationen `40`
Transitorische Aktiven und Passiven
→Rechnungsabgrenzungen `157`
Treasury bills `44`
Treasury bonds `44`
Trennbankensystem `136`
Treuhandgelder `44`

Treuhandgeschäfte `137`
True and fair view `160`
Trust `44`
Turbo-Produkt `95`
Turnaround `67`

U

Übernahmeangebot `44`
Übernahmekommission `67`
Überwachungsstelle `67`
Übrige Fonds `108`
Übriger ordentlicher Erfolg `137`
Umbrella-Fonds `108`
Umlageverfahren `137`
Umlaufvermögen `160`
Umsatzabgabe `67`
Ungedeckter Warrant `95`
Universalbanken `137`
Unsystematisches Risiko `160`
Unternehmensbewertung `161`
Unternehmensfinanzierung `137`
Unternehmenswert `161`
Unterstützungsmechanismen `44`
Usanz `67`
US-Gaap `161`

V

Valorennummer `67`
Value at risk `161`
Valutatag `68`
VAR `161`
Variable Hypothek `137`
Variabler Zinssatz `137`
Varianz `161`
Variation margin `95`
Vega `95`
Venture capital `138`
Verbriefung `45`
Verdiente Prämien `131`
Verfallsdatum `96`

Verflüssigungsfinanzierung
→Eigenfinanzierung `148`
Verhaltensregeln `68`
Verhaltensregeln für Effektenhändler `68`
Verkaufssperrfrist →Mitarbeiteraktien `35`
Verkehrswert `161`
Vermittlungskommission →Courtage `56`
Vermögensrechte →Aktie `20`
Vermögensverwaltung `138`
Vermögensverwaltungsbanken `138`
Verrechnungssteuer `68`
Versicherungstechnisches Ergebnis `138`
Vertreter von Fonds `108`
Vertriebsträger `108`
Verwaltungsgebühr `108`
Verwaltungsrat →Organe einer AG `37`
Vinkulierung `45`
Virt-x `68`
VLEU `96`
Volatilität `161`
Volatilität des Basiswerts `96`
Volatilitätsanalyse `96`
Volatilitätsindex `96`
Voreröffnung `68`
Vorzugsaktien `45`
VSB `136`

W

Wachstumsaktien `45`
Wagniskapital `138`
Währungsanbindung `138`
Währungsrisiko
→Risiken von Obligationen `40`
Währungs-Swap `97`
Wall Street `68`
Wallstreet `68`
Wandelanleihe `46`
Wandelparität `46`
Wandelprämie `46`
Wandelrecht →Wandelanleihe `46`

Warrant 97

WatchList 46

Wechselkurs-Warrant 77

Weltbank 138

Wertberichtigung 162

Wertberichtigungen & Rückstellungen 138

Wertpapier 47

Wertschriftenanalyse 69

Wertschriften-Clearing 69

Wertschriftenportefeuille 139

Wetterderivate 97

White knight 47

Wholesale banking 139

Wiederbeschaffungswert 139

Window dressing 162

Wirtschaftlich Berechtigter 139

Wirtschaftlichkeit
→Aufwand-Ertrags-Verhältnis 143

Z

Zahlungsbereitschaft 155

Zahlungsfähigkeit →Liquidität 155

Zahlungsunfähigkeit 25

Zeichnung 47

Zeitwert 97

Zero bond 36

Zertifikat →Indexzertifikat 82
→Open-end Zertifikat 86

Zinsänderungsrisiko 139

Zinseszins 162

Zinskurve 47

Zinsmarge 139

Zinsoption 97

Zinsrisiko →Risiken von Obligationen 40

Zinssatz-Swap 97

Zinsstrukturkurve 47

Zins-Warrant 97

Zulassung →Kotierung 60

Zulassungsstelle 69

Zusatzdividende →Bonus 24

Zweite Handelslinie 69

Von Peter Kuster

Mehr als zwei Jahre Baisse an den Börsen haben tiefe Spuren hinterlassen. Damit gemeint ist nicht «nur» der direkte Schaden wie die Milliardenverluste in den Portefeuilles der Anleger. Buchhaltungsfälschungen und -schummeleien haben das Vertrauen in das Management von Unternehmen untergraben, die Vorsorgepfeiler wackeln, in der Finanzbranche ist ein Schrumpfungsprozess im Gange, und der Ruf nach dem Staat, der mit Gesetzen und Aufsicht zum Rechten schauen soll, wird lauter.

Schade ist, dass diese Diskussion oft in Unkenntnis der grundlegenden Fakten geführt wird. Hier kann der «Guide» der «Finanz und Wirtschaft» einen Beitrag leisten. Zwar richtet sich das praxisorientierte Handbuch in erster Linie an den Anleger. Doch wer beispielsweise das Kapitel «Banken/Versicherungen» konsultiert, wird gewahr, mit welcher Regelungsdichte der Schweizer Finanzmarkt bereits heute zu kämpfen hat. Und in Kapitel IV ist beispielsweise zu erfahren, dass nicht jedes derivative Instrument für den Anleger automatisch ein hohes Risiko birgt.

Die nun vorliegende, zum zweiten Mal umfassend revidierte Fassung des «Guide» möchte dem Leser als Werkzeug dienen, sich rasch und fundiert über wichtige Fachwörter, die ihm täglich – nicht nur in der «Finanz und Wirtschaft» – begegnen, zu informieren. Gegenüber der Version von 2000 sind per saldo 45 neue Ausdrücke aufgenommen worden. Damit steigt die Gesamtzahl der erklärten Begriffe auf 745. So findet der Leser neu eine (notgedrungen etwas längere) Definition von «Basel II» ebenso wie eine detaillierte Übersicht zu den strukturierten Produkten. Im Gegenzug sind wenig gebräuchliche oder schon wieder veraltete Stichworte entfernt worden, um den Anspruch der Handlichkeit weiterhin zu erfüllen.

Zürich, September 2002

Thematische Gliederung

AKTIEN/OBLIGATIONEN

BÖRSEN

DERIVATE

ANLAGEFONDS

BANKEN/VERSICHERUNGEN

KENNZAHLEN

Das vorliegende Wörterbuch ist in sechs Kapitel aufgeteilt, in denen die inhaltlich zusammenhängenden Begriffe aus den Themenkreisen Aktien und Obligationen (Seite 19 ff.), Börsen (Seite 49 ff.), Derivate (Seite 71 ff.), Anlagefonds (Seite 99 ff.), Banken und Versicherungen (Seite 111 ff.) sowie Kennzahlen (Seite 141 ff.) erklärt werden. Zur optischen Verstärkung der Gliederung sind die Kapitelbezeichnungen am oberen, rechten Seitenrand jeweils farblich unterlegt, wodurch die Übersichtlichkeit des Buches erhöht wird.

Suchen und Finden mit dem Index

Das Stichwortverzeichnis (Seiten 4 bis 13) bietet dem Leser eine schnelle und umfassende Orientierungshilfe. In diesem Index sind alle im Buch erklärten Begriffe, Synonyme, Abkürzungen sowie Fachausdrücke, die nur in den Begriffsumschreibungen verwendet werden, alphabetisch aufgeführt. Und wer hier einen Begriff nicht findet, weiss sofort, dass er anderweitig suchen muss. Die Zugehörigkeit eines Fachausdrucks zu einem bestimmten Themenkreis geht aus den im Index aufgelisteten Seitenzahlverweisen hervor, die mit der entsprechenden Kapitelfarbe unterlegt sind. Die Bedeutung des Index spiegelt sich darin, dass er nicht wie üblich nach, sondern vor den Kapiteln erscheint.

Kapitel

Die zu einem Kapitel gehörenden Wörter sind jeweils zu Beginn alphabetisch mit der entsprechenden Seitenzahl aufgelistet. Diese Einstiegsseite bietet einen Überblick der in diesem Themenkreis verwendeten Ausdrücke. Als Suchinstrument eignet sich jedoch der umfangreichere Index, wie oben erwähnt, besser – nicht zuletzt, weil die Zuteilung von Begriffen auf Kapitel immer ein Mass an Willkür enthält. Im Anhang (S. 165 ff.) findet der Leser zudem die Adressen der für den Schweizer Finanzplatz wichtigsten Ämter, Börsen, Verbände sowie Banken und Versicherungen.

Vernetzung durch Querverweise Häufig sind einzelne Begriffe innerhalb eines Kapitels miteinander verknüpft, oder sie beziehen sich auf Fachausdrücke, die an einer anderen Stelle des Buches bereits erläutert werden. Um die alphabetische Gliederung des einzelnen Themenbereichs nicht zu zerstören, werden

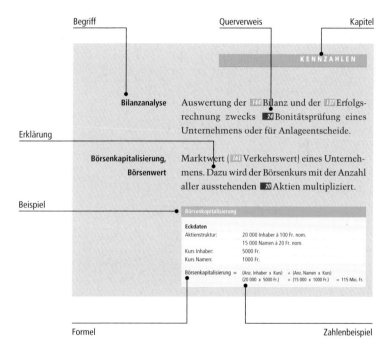

diese Beziehungen mit Querverweisen hervorgehoben. Taucht innerhalb einer Begriffsumschreibung ein anderer Fachausdruck auf, so wird mit einer in der Farbe des Kapitels gehaltenen Seitenzahl der entsprechende Querverweis signalisiert.

Abschlag	20	
Aktie	20	
Aktiengesellschaft	20	
Aktienkapital	20	
Aktienregister	20	
Aktienrückkauf	20	
Aktiensplit	20	
Aktienzertifikat	21	
Aktionär	21	
Aktionärswert	21	
Alternative Anlagen	21	
American depositary receipts	21	
Amortisation	21	
Anleihe	21	
Asset-backed securities	22	
Aufgeld	22	
Aufstockung	22	
Ausgabekurs	22	
Auslandanleihe	22	
Basispunkt	22	
Bedeutende Aktionäre	23	
Bedingtes Kapital	23	
Bezugsrecht	23	
Bezugsrechtsbewertung	23	
Blue chips	23	
Bond	23	
Bonität	24	
Bonus	24	
Book building	24	
Brady bonds	24	
Bruttoinlandprodukt	24	
Bullet bonds	24	
CEO, CFO, CIO, COO	24	
Certificate of deposit	25	
Collateral bonds	25	
Commercial papers	25	
Coupon	25	
Default	25	
Deflation	25	
Depotstimmrecht	26	
Diskontpapier	26	
Dispobestand	26	
Dividende	26	
Duration	26	
Emission	27	
Emissionsprospekt	27	
Emittenten	27	
Euro commercial papers	27	
Euro medium term notes	28	
Eurobond	28	
Euromärkte	28	
Ewige Anleihe	28	
Exchangeable	28	
Federführer	28	
Festübernahme	28	
Finanzwechsel	28	
Fixed income	28	
Flat	29	
Floating rate note	29	
Fremdwährungsanleihen	29	
Fungibilität	29	
Fusion	29	
Geldmarkt	29	
Geldmarktbuchforderung	30	
Geldmarktpapiere	30	
Genehmigtes Kapital	30	
Genussschein	30	
Golden parachutes	30	
Gratisaktien	30	
Green shoe	31	
High flyers	31	
High water mark	31	
Holding	31	
Hot issue	31	
Inflation	31	
Inhaberaktie	32	
Inlandanleihe	32	
Inverse Zinsstruktur	32	
Investment grade	32	
Joint-venture	32	
Junge Aktien	32	
Junk bonds	32	
Kapitalerhöhung	32	
Kapitalmarkt	33	
Kapitalschnitt	33	
Kapitalverwässerung	33	
Kassenobligation	33	
Kommissionsweise Plazierung	33	
Konkursdividende	34	
Konsortium	34	
Konzern	34	
Kündigung von Obligationen	34	
Laufzeit	34	
Lead order	34	
League table	34	
Leveraged buyout	34	
Liberierung	35	
Libid	35	
Libor	35	
Management buyout	35	
Marchzins	35	
Mitarbeiteraktien	35	
Nachrangige Anleihe	35	
Namenaktie	36	
Nennwert	36	
Nennwertrückzahlung	36	
Notes	36	
Notleidende Anleihe	36	
Null-Prozent-Anleihe	36	
Obligation	37	
Optionsanleihe	37	
Optionsschein	37	
Organe einer AG	37	
Pari	37	
Partizipationsschein	37	
Performance	38	
Performance fee	38	
Pfandbriefe	38	
Plazierungsformen	38	
Primärmarkt	39	
Private equity	39	
Privatplazierung	39	
Quorum	39	
Raider	39	
Rating	39	
Rating-Agentur	40	
Referenzzinssatz	40	
Rendite auf Verfall	40	
Renditedifferenz	40	
Retail-Anleger	40	
Risiken von Obligationen	40	
Road show	41	
Schutzklauseln von Obligationen	41	
Sekundärmarkt	41	
Sekundärplazierung	41	
Speculative grade	42	
Spin-off	42	
Spread	42	
Staatsanleihe	42	
Stakeholders	42	
Step-up-Klausel	43	
Stockdividende	43	
Stock picking	43	
Straight	43	
Stückelung	43	
Tantieme	43	
Tenderverfahren	43	
TMT	44	
Treasury bills	44	
Treasury bonds	44	
Treuhandgelder	44	
Trust	44	
Übernahmeangebot	44	
Unterstützungsmechanismen	44	
Verbriefung	45	
Vinkulierung	45	
Vorzugsaktien	45	
Wachstumsaktien	45	
Wandelanleihe	46	
Wandelparität	46	
Wandelprämie	46	
WatchList, CreditWatch	46	
Wertpapier	47	
White knight	47	
Zeichnung	47	
Zinskurve	47	

Abschlag, Disagio Differenz in Prozenten, um die der **22**Emissionspreis oder Börsenkurs eines **47**Wertpapiers den **36**Nominalwert oder den **153**inneren Wert unterschreitet. Gegensatz: **22**Aufgeld.

Aktie **47**Wertpapier, das einen Anteil am Kapital einer **20**Aktiengesellschaft verkörpert. Es sichert dem Eigentümer Mitgliedschaftsrechte (Stimm- und Wahlrecht an der Generalversammlung) und Vermögensrechte (Recht auf Anteil am Gewinn, Beteiligungsquote bei **32**Kapitalerhöhungen oder am Liquidationsergebnis) zu.

Aktiengesellschaft AG Körperschaft, deren zahlenmässig fixiertes Grundkapital (**20**Aktienkapital) in Teilsummen (**20**Aktien) zerlegt ist.

Aktienkapital Grundkapital einer **20**AG. In der Schweiz gesetzlich geregelt durch Art. 620 ff. des Obligationenrechts (OR).

Aktienregister Das Aktienbuch oder -register ist das Verzeichnis der **36**Namenaktionäre einer Gesellschaft. Die Eintragung ins Aktienbuch setzt einen Ausweis über den Erwerb der **20**Aktie zu Eigentum oder die Begründung einer Nutzniessung voraus.

Aktienrückkauf Unternehmen dürfen eigene **20**Aktien erwerben, wenn ein dem Anschaffungswert entsprechender Betrag als frei verfügbare **157**Reserven vorhanden ist und der gesamte **36**Nennwert der erworbenen Aktien 10% des **20**Aktienkapitals nicht übersteigt.

Aktiensplit Aufteilung der bestehenden **20**Aktien in solche mit kleinerem **36**Nennwert. Das **20**Aktienkapital selbst bleibt unverändert, nur die Zahl der Aktien wird vergrössert. Durch einen Split soll die Handelbarkeit der Titel erleichtert werden.

Aktienzertifikat   Ersetzt die ■*20*Aktie und unterscheidet sich von ihr durch den Kotierungsort und durch die Währung, auf die das Zertifikat lautet (z. B. ■*21*American depositary receipts ADR).

Aktionär, Shareholder   Teilhaber einer ■*20*Aktiengesellschaft bzw. Inhaber einer ■*32*Aktie oder einer Mehrzahl von Aktien.

Aktionärswert, Shareholder value   Die Maximierung des Shareholder value ist das Bestreben der für eine Gesellschaft verantwortlichen Führungskräfte, den Unternehmenswert für die ■*21*Aktionäre kontinuierlich zu steigern.

Alternative Anlagen, Nichttraditionelle Anlagen, Alternative investments   Instrumente, die keine oder nur eine kleine ■*154*Korrelation mit den herkömmlichen Finanzmärkten (■*20*Aktien, ■*37*Obligationen) aufweisen. Beispiele sind ■*104*Hedge funds, ■*39*Private equity oder Rohstoffe.

American depositary receipts ADR   Auf den Namen lautende, handelbare Zertifikate, die das Eigentum an einer ■*20*Aktie einer nichtamerikanischen Gesellschaft verkörpern. Die Zertifikate sind von der US-Börsenaufsicht (■*64*SEC) registriert.

Amortisation   Ratenweise Rückzahlung (Tilgung) einer Schuld. Entsprechend spricht man von Amortisationsanleihen oder Amortisationshypotheken, wenn periodisch Rückzahlungen erfolgen.

Anleihe   Fremdkapitalbeschaffung durch Ausgabe von ■*37*Obligationen am ■*33*Kapitalmarkt (vgl. Tabelle Seite 22).

Möglichkeiten zur Ausgestaltung einer Anleihe	
Eigenkapitalbezug	keiner (Straight), Wandelanleihe (Convertible), Optionsanleihe (Warrant bond)
Plazierungsform	Festübernahme, kommissionsweise Plazierung, Direktplazierung
Rückflusscharakter	feste Zinsen (Straight), Discount bond, Zero bond
Absicherung	keine, Pfanddeckung, nachrangige Anleihe
Zinssatz	fest, variabel (FRN)
Ausgabekurs	fixiert (pari, über/unter pari), Tenderverfahren
Währungen, Märkte	Inlandanleihen, Auslandanleihen, Eurobonds
Laufzeit	unterschiedliche Länge, Kündigungsklausel

Asset-backed securities ABS ▪47 Wertpapiere, die mit Forderungen, z. B. Hypotheken, Kreditkarten oder Leasingverträgen, gesichert werden. Ermöglicht Banken, einen Teil ihrer Bilanz auszulagern. Dadurch werden weniger Eigenmittel gebunden (▪118 Eigenmittelanforderungen).

Aufgeld, Agio, Aufpreis Differenz in Prozenten, um die der ▪22 Emissionspreis oder Börsenkurs eines ▪47 Wertpapiers den ▪36 Nominalwert oder den inneren Wert überschreitet. Gegensatz: ▪20 Abschlag.

Aufstockung Ausgabe ▪29 fungibler ▪47 Wertpapiere auf eine bereits ausstehende ▪21 Anleihe.

Ausgabekurs, Emissionspreis Preis, zu dem neu ausgegebene ▪47 Wertpapiere den ▪51 Anlegern zum Kauf angeboten werden.

Auslandanleihe ▪21 Anleihe, die ausserhalb des Domizillandes eines ▪27 Emittenten in der Währung des Emissionsmarktes begeben wird.

Basispunkt Bp Entspricht 0,01 Prozentpunkten oder einem Tick. Messgrösse für die Veränderung von ▪37 Obligationenkursen und -renditen.

Bedeutende Aktionäre Dazu zählen im Sinne des ▪53Börsengesetzes jene Investoren oder Investorengruppen, die mehr als 5% des Kapitals bzw. der Stimmen einer Gesellschaft kontrollieren. Sie müssen im Anhang zum Geschäftsbericht aufgeführt werden.

Bedingtes Kapital Zusätzliches, in der Kapitalstruktur einer ▪20Aktiengesellschaft noch nicht eingeschlossenes Kapital, das für künftige oder bestehende ▪46Wandel- und ▪37Optionsrechte vorgesehen ist.

Bezugsrecht Recht des ▪21Aktionärs und des Partizipanten zum Bezug von neuen ▪20Aktien, ▪37Partizipationsscheinen oder ▪46Wandelobligationen, meist in Form eines bestimmten ▪25Coupons der Aktie oder des Partizipationsscheins.

Bezugsrechtsbewertung Der (theoretische) Wert des ▪23Bezugsrechts im Fall einer ▪32Kapitalerhöhung lässt sich aufgrund der wichtigsten Bestimmungsfaktoren schon vor der Aufnahme des Bezugsrechtshandels ermitteln.

Bezugsrechtsbewertung		
Eckdaten		
Bezugsverhältnis:	3 alte Aktien berechtigen zum Bezug von 1 neuen Aktie	
Emissionspreis:	100 Fr.	
Kurs vor Kapitalerhöhung:	500 Fr.	

$$\text{Bezugsrecht} \;=\; \frac{\text{Kurs} - \text{Emissionspreis}}{\text{Bezugsverhältnis} + 1} \;=\; \frac{500 \text{ Fr.} - 100 \text{ Fr.}}{3/1 + 1} \;=\; 100 \text{ Fr.}$$

Blue chips Bezeichnung für ▪20Aktien führender, börsenkotierter Unternehmen mit erstklassiger ▪24Bonität, hoher Ertragskraft und solider Finanzstruktur.

Bond Englische Bezeichnung sowohl für eine ▪21Anleihe wie auch für deren handelbare Bruchteile, also die ▪37Obligationen.

Bonität Mass der Kreditfähigkeit und Kreditwürdigkeit eines Schuldners. Dabei bezieht sich die Kreditfähigkeit auf die Vermögens- und Ertragslage des Schuldners und die Kreditwürdigkeit auf dessen Willen, seinen Verbindlichkeiten nachzukommen.

Bonus Ausserordentliche Ertragsausschüttung eines Unternehmens über die ordentliche **26**Dividende hinaus, z. B. als Jubiläumsbonus. Auch Zusatzdividende genannt.

Book building Verfahren in einem **63**Going public oder gemeinhin für die Lancierung von Wertpapieren, in dem vor der endgültigen Fixierung des **22**Ausgabekurses zuerst die Preisvorstellungen der grossen **60**institutionellen Anleger eingeholt werden. Im Gegensatz zum Festpreisverfahren trägt der **27**Emittent das **38**Plazierungsrisiko.

Brady bonds Im Rahmen von **126**IWF-Umschuldungsprogrammen ausgegebene langfristige **21**Anleihen, die durch **36**Null-Prozent-Anleihen des US-Schatzamtes (**44**Treasury bonds) gesichert sind.

Bruttoinlandprodukt BIP Wertschöpfung einer Volkswirtschaft. Die Entwicklung des BIP ist eine wichtige Einflussgrösse für die Gewinne der Unternehmen sowie das Zinsniveau und dadurch indirekt für **20**Aktien und **37**Obligationen.

Bullet bonds Vom Schuldner nicht kündbare und nicht vorzeitig amortisierbare **21**Anleihen mit fester **34**Laufzeit.

CEO, CFO, CIO, COO Angelsächsische Kürzel für Unternehmenschef (Chief Executive Officer), Leiter der Finanzabteilung (Chief Financial Officer), Leiter Anlagestrategie (Chief Investment Officer) sowie Leiter operatives Geschäft (Chief Operating Officer).

Certificate of deposit CD   Kurzfristige Schuldverschreibung, meistens von amerikanischen oder britischen Banken in Dollar.

Collateral bonds   Durch Verpfändung von Wertpapieren gesicherte **21** Anleihen. Die als Sicherheit dienenden Titel werden als Collateral bezeichnet.

Commercial papers CP   Von grösseren Industrie- und Finanzunternehmen im **29** Geldmarkt ausgegebene Eigenwechsel mit einer **34** Laufzeit von ein bis zwölf Monaten.

Coupon   Der einem **47** Wertpapier beigegebene Zins- oder **26** Dividendenschein, der zum Bezug der fälligen Erträge oder gegebenenfalls zur Geltendmachung von Anrechten befugt.

Default, Zahlungsunfähigkeit, Insolvenz   Liegt vor, wenn ein Schuldner Zinszahlungen und Tilgung nicht fristgerecht und vollständig leistet. Gemäss der Praxis der **40** Rating-Agenturen gilt eine Zahlungsverzögerung von mehr als dreissig Tagen als Default. Der Default bedeutet aber nicht zwangsläufig, dass der Gläubiger das ganze Kapital verliert, weil im Zuge des Konkursverfahrens meist eine **34** Konkursdividende (Recovery rate) ausgeschüttet wird.

Deflation   Geldaufwertung. Weil fast alle Waren, Dienstleistungen und andere Sachwerte stets günstiger werden, ist sie auch nachteilig für **20** Aktien. Da Zinsen und **157** Renditen zu Beginn sinken, profitieren **37** Obligationen. Gegenteil: **31** Inflation.

Depotstimmrecht Ausübung des Stimmrechts durch die Banken für die bei ihnen im Depot liegenden **20**Aktien von Kunden aufgrund einer Vollmacht. Häufig ist das Depotstimmrecht an Generalversammlungen entscheidend für den Ausgang wichtiger oder umstrittener Traktanden und für das Erreichen eines notwendigen **39**Stimmenquorums.

Diskontpapier

Der Anleger zahlt beim Kauf den auf den Papieren angegebenen **36**Nominalwert abzüglich eines **117**Diskonts. Die Differenz zwischen Kaufpreis und höherem Nominalwert, der bei Fälligkeit ausbezahlt wird, gilt als Entschädigung für die Überlassung der Papiere (z. B. **25**Commercial papers, **44**Treasury bills oder **36**Zero bonds).

Dispobestand Verkaufte, aber noch nicht im **20**Aktienregister auf den neuen Erwerber eingetragene Bestände von **36**Namenaktien. Besonders ausländische institutionelle Anleger ziehen es häufig vor, grundsätzlich auf eine Eintragung zu verzichten.

Dividende

Der von einer **20**Aktiengesellschaft je **20**Aktie ausbezahlte Gewinnanteil. Die Festsetzung der Dividende erfolgt durch die Generalversammlung auf Antrag des Verwaltungsrates. Als Dividende werden auch die Auszahlungen an die Inhaber von **30**Genuss- und **37**Partizipationsscheinen bezeichnet.

Duration Stellt mathematisch die durchschnittliche **90**Restlaufzeit einer **37**Obligation dar. Bei einer Renditeänderung um einen Prozentpunkt ändert sich der Kurs der Obligation prozentual um den Betrag der Duration (vgl. Tabelle Seite 27). Je höher die Duration liegt, desto stärker reagiert der Obligationenkurs auf Zinsänderungen. Nach anderer Betrachtungsweise handelt es sich bei der Duration um die um Zinszahlungen korrigierte Restlaufzeit.

Duration (Annäherung)

Eckdaten

Obligation:	100 Mio. Fr.
Laufzeit t:	4 Jahre
Rückzahlung p. a.:	30 Mio. Fr.
Zinsniveau:	5%

$$\text{Duration} = \frac{\displaystyle\sum_{t=1}^{n} \frac{\text{Rückzahlung} \times t}{(1 + \text{Zinssatz})^t}}{\displaystyle\sum_{t=1}^{n} \frac{\text{Rückzahlung}}{(1 + \text{Zinssatz})^t}}$$

	Jahr 1	Jahr 2	Jahr 3	Jahr 4	Total
gewichtete Barwerte	$\dfrac{30 \times 1}{1,05^1}$	$\dfrac{30 \times 2}{1,05^2}$	$\dfrac{30 \times 3}{1,05^3}$	$\dfrac{30 \times 4}{1,05^4}$	
	= 28,57	54,54	77,58	98,36	259,05
Barwerte	$\dfrac{30}{1,05^1}$	$\dfrac{30}{1,05^2}$	$\dfrac{30}{1,05^3}$	$\dfrac{30}{1,05^4}$	
	= 28,57	27,27	25,86	24,68	106,38
Duration =	259,05 : 106,38 = 2,4 Jahre				

Sinkt das aktuelle Zinsniveau von 5 auf 4%, so erhöht sich der Kurs der Obligation um rund 2,4%.

Emission Ausgabe von Wertpapieren zwecks Beschaffung von Fremd- oder Eigenmitteln am ■33 Kapitalmarkt.

Emissionsprospekt Enthält die im Zuge einer Emission vom Gesetz zur Veröffentlichung vorgeschriebenen Angaben über die Emissionsbedingungen und den Emittenten. Der Prospektzwang besteht für öffentlich zur Zeichnung aufgelegte ■47 Wertpapiere, die an der ■53 Börse kotiert werden sollen.

Emittenten Unternehmen oder öffentlich-rechtliche Körperschaften, die durch die Ausgabe von ■47 Wertpapieren am ■33 Kapitalmarkt (oder ■29 Geldmarkt) ■149 Eigenkapital (■20 Aktien) oder ■151 Fremdkapital (■37 Obligationen) beschaffen.

Euro commercial papers Kurzfristige ■30 Geldmarktpapiere, die von erstklassigen grossen Unternehmen ohne Übernahmeverpflichtung einer Bank am ■28 Euromarkt ausgegeben werden.

Euro medium term notes EMTN Auf dem Euromarkt innerhalb eines Programms emittierte mittelfristige Schuldverschreibungen.

Eurobond Auf dem Euromarkt in einer Eurowährung (Euro-Dollar, Euro usw.) ausgegebene, quellensteuerfreie Anleihe.

Euromärkte Bezeichnung für Geld- und Kapitalmärkte, an denen Währungen und Wertpapiere ausserhalb der jeweiligen Herkunftsländer gehandelt werden.

Ewige Anleihe Anleihe mit unbefristeter Laufzeit. Auch als Perpetuals oder Rentenanleihe bekannt.

Exchangeable Im Gegensatz zu einer Wandelanleihe werden die Papiere nicht in Aktien der emittierenden Gesellschaft, sondern in Titel eines anderen Unternehmens gewandelt.

Federführer, Lead manager Bank, die für die Verhandlungen mit dem Emittenten und dem Emissionssyndikat verantwortlich ist und über deren Bücher die Emission abgewickelt wird.

Festübernahme Die Bank übernimmt den gesamten Betrag einer Anleihe vom Emittenten fest zu einem vereinbarten Preis. Den Verkauf der Titel besorgt die Bank auf eigene Rechnung und Gefahr. Gegensatz: kommissionsweise Plazierung.

Finanzwechsel Wechsel ohne direkten Zusammenhang mit einer Warentransaktion. Sie haben häufig die Form von Eigenwechseln. Die in den USA stark verbreiteten Schatzanweisungen (Treasury bills) sind Finanzwechsel.

Fixed income Anlageformen, die einen im Voraus fixierten, festen Einkommensbestandteil aufweisen. Fixed income ist in der Regel ein Oberbegriff für die Obligationenmärkte.

Flat Diese Bezeichnung wird verwendet, wenn **37**Obligationen einschliesslich aufgelaufener **35**Marchzinsen gehandelt werden (z. B. **36**notleidende Anleihe). In diesem Fall sind die aufgelaufenen Zinsen im Obligationenkurs berücksichtigt.

Floating rate note FRN, Floater **21**Anleihe, die variabel verzinst wird. Die Verzinsung entspricht einem **40**Referenzzins (z. B. **35**Libor) plus einem Zuschlag, der von der **24**Schuldnerbonität abhängig ist.

Fremdwährungsanleihen Aus Schweizer Sicht alle Anleihen, die nicht auf Franken lauten. Kotiert und gehandelt werden Fremdwährungsanleihen in der Regel im Ausland. Einige wenige Emissionen sind an der **66**SWX kotiert, die eine Palette von Fremdwährungsbonds zum Handel zugelassen hat.

Fungibilität Fungibel ist ein **47**Wertpapier, wenn es durch ein anderes derselben Art ersetzt werden kann (z. B. **32**Inhaberaktie). Bei der **22**Aufstockung einer **21**Anleihe ist die Fungibilität der **37**Obligationen gewährleistet.

Fusion Verschmelzung zweier oder mehrerer Gesellschaften zu einem einzigen Unternehmen. Gemäss Aktienrecht geschieht dies entweder durch Absorption (Annexion) oder durch Kombination (Verschmelzung durch Neubildung eines Unternehmens).

Geldmarkt Markt für kurzfristige Finanzierungsmittel mit einer **34**Laufzeit von weniger als zwölf Monaten. Der Geldmarkt zeichnet sich aus durch eine hohe Standardisierung sowie eine hervorragende **24**Bonität der Marktteilnehmer. Die **134**SNB versorgt die Wirtschaft über **133**Repo-Geschäfte mit Liquidität, während Geschäftsbanken am Interbankenmarkt Liquiditätsausgleich und **52**Arbitragegeschäfte betreiben. Längere Laufzeiten: **33**Kapitalmarkt (vgl. Tabelle Seite 30).

Geldmarktgeschäfte	
Nichthandelbare **Geldmarktinstrumente**	Call-Gelder
	Sichtgelder
	Festgelder
Handelbare Geldmarktinstrumente	Commercial papers
	Treasury bills
	Certificates of deposits
	Anteilscheine von Geldmarktfonds
	Geldmarktbuchforderungen
	Repo-Geschäfte

Geldmarktbuchforderung Festverzinsliches, auf dem [29]Geldmarkt handelbares Anlageinstrument, das nicht in [47]Wertpapierform gekleidet ist, sondern in einem Schuldbuch eingetragen wird. Als [27]Emittenten treten in der Schweiz v. a. der Bund und einige Kantone auf.

Geldmarktpapiere [47]Wertpapiere mit [34]Laufzeiten unter einem Jahr, die am [29]Geldmarkt gehandelt werden. Dazu zählen inländische Wechsel, [44]Treasury bills, [25]Commercial papers und [25]Certificates of deposits.

Genehmigtes Kapital Der Verwaltungsrat einer [20]AG ist von der Generalversammlung autorisiert, binnen zwei Jahren jederzeit [32]Kapitalerhöhungen mit einem [36]Nominalwert in der Höhe des genehmigten Kapitals durchzuführen.

Genussschein GS Gewinnbeteiligungspapier, das keine Mitgliedschaftsrechte, sondern nur Vermögensrechte (z. B. Anspruch auf den Bezug neuer Titel, Liquidationserlös) verleiht.

Golden parachutes Finanzielle Absicherung der Topmanager durch «goldene Fallschirme» wie [86]Aktienoptionen, Abgangsentschädigungen usw., z. B. im Falle einer unerwünschten Übernahme der Gesellschaft.

Gratisaktien [20]Aktien, die eine Gesellschaft zu Lasten ihrer [157]Reserven unentgeltlich an die [21]Aktionäre neu ausgibt.

**Green shoe,
Mehrzuteilungsoption**

Vereinbarung im **119**Emissionsgeschäft, wonach der **28**Federführer innerhalb einer bestimmten Periode berechtigt ist, seine **64**Short-Position über die Ausübung des Green shoe einzudecken. Der Federführer wird den Green shoe dann ausüben, wenn sich die Emission über **37**pari entwickelt. Andernfalls deckt er seine Short-Position kursunterstützend am Markt.

High flyers

Bezeichnung für **20**Aktien mit einem extremen Kursanstieg und meist überdurchschnittlich hohem **154**Kurs-Gewinn-Verhältnis.

High water mark

Zeigt den Aktionären von **60**Investmentgesellschaften, auf welcher Höhe des **153**inneren Werts letztmals eine **36**Performance fee an die Geschäftsführer geleistet worden ist. Zumeist wird erst dann wieder eine erfolgsabhängige Gebühr fällig, wenn die «Hochwassermarke» übertroffen worden ist. In einigen Fällen sehen die gesellschaftsspezifischen Regeln vor, dass eine durch die Entwicklung der Marktpreise unterschrittene «Hochwassermarke» jährlich um einen bestimmten Prozentsatz (z. B. die Rendite risikofreier Anlagen) angehoben wird.

Holding

Gesellschaft mit dauernden **144**Beteiligungen an rechtlich selbständigen Unternehmen zum Zweck der Kontrolle und Finanzierung.

Hot issue

Wertpapieremission, die bereits am **39**Primärmarkt stark überzeichnet wird und für die man auch am **41**Sekundärmarkt mit Kursen rechnen kann, die deutlich über dem **22**Ausgabekurs liegen.

Inflation

Geldentwertung. Veranlasst Notenbanken oft zu einer restriktiven **123**Geldpolitik (hohe **129**Leitzinsen), was **20**Aktien und **37**Obligationen belastet. Gegenteil: **25**Deflation.

Inhaberaktie	**20** Aktie, die auf den (nicht namentlich bezeichneten) Inhaber lautet. Gegensatz: **36** Namenaktie.

Inlandanleihe, Domestic bond · **21** Anleihe, die von einem **27** Emittenten mit Domizil im Ausgabeland in der lokalen Währung begeben wird.

Inverse Zinsstruktur · Eine von der Regel abweichende Marktsituation, in der die kurzfristigen Zinsen höher liegen als die langfristigen (**47** Zinskurve).

Investment grade · **21** Anleihen, denen von den **40** Rating-Agenturen ein **39** Rating von BBB/Baa oder höher zugeordnet wird.

Joint-venture · Zusammenarbeit zweier oder mehrerer Gesellschaften, die in vertragsmässiger Form oder durch die Gründung einer gemeinsamen Tochter- oder **60** Beteiligungsgesellschaft durchgeführt werden kann.

Junge Aktien · Anlässlich einer **32** Kapitalerhöhung ausgegebene neue **20** Aktien, die noch nicht zum Bezug einer vollen **26** Jahresdividende berechtigen und deshalb bis zur Dividendenausschüttung separat gehandelt werden.

Junk bonds · Hochrentierende und zugleich durch hohe **158** Risiken gekennzeichnete **21** Anleihen (junk = Ramsch). Die **27** Emittenten solcher Titel sind oft Unternehmen mit einem niedrigen **39** Rating.

Kapitalerhöhung · Kapitalbeschaffung der **20** Aktiengesellschaft durch Erhöhung des **20** Aktienkapitals. Zu unterscheiden sind die ordentliche, die **23** bedingte und die **30** genehmigte Kapitalerhöhung.

Kapitalmarkt Markt für mittel- und langfristige Anlagen. Auf dem **39**Primärmarkt finanzieren Unternehmen ihre Investitionen durch die Ausgabe von **47**Wertpapieren (Aktien, Obligationen), auf dem **41**Sekundärmarkt werden die Titel gehandelt. So findet laufend eine Bewertung der Gesellschaften statt. Im Unterschied dazu ist der **29**Geldmarkt der Markt für kurzfristige Finanzierungsmittel.

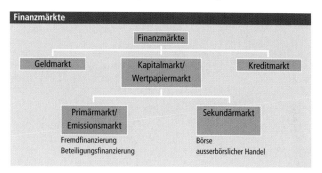

Kapitalschnitt Herabsetzung des **20**Aktienkapitals, verbunden mit einer anschliessenden **32**Kapitalerhöhung durch die Ausgabe neuer **20**Aktien. Führt zu einer Verstärkung der Kapitalbasis eines vorübergehend in Schwierigkeiten geratenen Unternehmens.

Kapitalverwässerung, Dilution Wertverminderung der bereits im Umlauf befindlichen **20**Aktien als Folge der **27**Emission von neuen Aktien. Soll eine Verwässerung vermieden werden, hat der **22**Emissionspreis dem **159**inneren Wert zu entsprechen.

Kassenobligation Von Banken begebenes festverzinsliches **47**Wertpapier mit **34**Laufzeiten zwischen zwei und acht Jahren. Kassenobligationen sind nur beschränkt handelbar.

Kommissionsweise Plazierung Die Bank wirkt nur als Vermittlerin bei der durch den **27**Emittenten selbständig festgelegten Ausgabe von **47**Wertpapieren. Gegensatz: **28**Festübernahme.

Konkursdividende, Recovery rate	Bezeichnet den Prozentsatz des 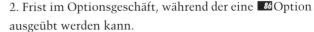Nominalwerts einer notleidenden Anleihe, der den Obligationären nach Abschluss des Konkursverfahrens zurückerstattet wird.

Konkursdividende, Recovery rate — Bezeichnet den Prozentsatz des **36**Nominalwerts einer **36**notleidenden Anleihe, der den Obligationären nach Abschluss des **127**Konkursverfahrens zurückerstattet wird.

Konsortium, Syndikat — Zeitlich und im Umfang begrenzter Zusammenschluss mehrerer Banken zwecks gemeinsamer **27**Emission von **47**Wertpapieren oder zur Arrangierung eines Kredits.

Konzern — Zusammenfassung von zwei oder mehreren, rechtlich selbständigen Unternehmen mit wirtschaftlichen Zwecken unter eine einheitliche Leitung.

Kündigung von Obligationen — In den Anleihensbedingungen festgehaltenes Recht des Emittenten (Call) und/oder des Obligationärs (Put), die Anleihe oder Teile davon zu einem bestimmten Zeitpunkt und Preis vor dem ordentlichen Verfall zurückzubezahlen bzw. die Rückzahlung zu verlangen.

Laufzeit —

1. Zeitspanne von der **27**Emission bis zur Fälligkeit bzw. zur vorzeitigen Rückzahlung (**34**Kündigung) einer **21**Anleihe.
2. Frist im Optionsgeschäft, während der eine **86**Option ausgeübt werden kann.

Lead order — Marktabklärung des **28**Federführers vor der **27**Emission von **47**Wertpapieren. Dabei haben **60**institutionelle Anleger die Möglichkeit, ihr Interesse anzumelden und sich aufgrund eines Lead order einen Teil der Emission reservieren zu lassen.

League table — Auflistung der Banken in der Reihenfolge des unter ihrer Federführung begebenen Emissionsvolumens.

Leveraged buyout — Unternehmensübernahme durch eine andere Gesellschaft. Die Finanzierung erfolgt vorwiegend auf dem Kreditweg, wobei die ▨142Aktiven des zu akquirierenden Unternehmens als Sicherheit dienen.

Liberierung   Bezahlung der aus einer ▨27Emission zugeteilten ▨47Wertpapiere.

London interbank bid rate, Libid   Zinssatz, zu dem im ▨126Interbankengeschäft Depositen mit fester ▨34Laufzeit übernommen werden.

London interbank offered rate, Libor   Im ▨126Interbankengeschäft angewandter Geldmarktsatz, zu dem eine Bank einer anderen erstklassigen Bank Depositen offeriert. Er dient bei Anleihen mit variablem Zinssatz (Floater) als Richtsatz zur Festlegung des Coupons für eine bestimmte Periode. Die ▨134SNB verwendet den Libor für Dreimonatsgelder in Franken seit Anfang 2000 als Zielgrösse für die ▨123Geldpolitik.

Management buyout   Übernahme des ▨20Aktienkapitals oder grosser Aktienpakete durch das Management, das bereits im Unternehmen tätig ist.

Marchzins   Zins einer ▨21Anleihe, der seit dem letzten Zinstermin bis zu einem bestimmten Zeitpunkt (z.B. Kauf- oder Verkaufstermin) aufgelaufen, aber noch nicht fällig ist.

Mitarbeiteraktien   ▨20Aktien des eigenen Unternehmens, die allen oder einem bestimmten Kreis von Mitarbeitern als Lohnbestandteil (meist zu Vorzugsbedingungen) abgegeben werden. Häufig sind diese Titel während einer gewissen Zeit für den Weiterverkauf gesperrt (Verkaufssperrfrist, Lock-up period).

Nachrangige Anleihe   Im Falle eines ▨127Konkurses des ▨27Emittenten treten die Forderungen von Inhabern nachrangiger Anleihen hinter die aller übrigen Gläubiger zurück. Für dieses ▨158Risiko wird gegenüber herkömmlichen Anleihen eine leicht höhere Verzinsung bezahlt. Banken dürfen nachrangige Anleihen teilweise den **118**eigenen Mitteln anrechnen.

Namenaktie

20Aktie, die auf den Namen lautet und deren Eigentümer im **20**Aktienregister der betreffenden Gesellschaft eingetragen ist. Namenaktien können aber trotzdem an der Börse kotiert und gehandelt werden. Gegensatz: **32**Inhaberaktie.

Nennwert, Nominalwert

Der auf **47**Wertpapieren angegebene (nominelle) Forderungsbetrag. Für **20**Aktien in der Schweiz ist die Festsetzung eines Nennwerts von mindestens 1 Rp. vorgeschrieben. Dagegen sind z. B. in den USA nennwertlose Aktien akzeptiert.

Nennwertrückzahlung

Erlaubt einem übermässig hoch kapitalisierten Unternehmen, das **149**Eigenkapital zu senken. Die Nennwertrückzahlung erfolgt häufig anstelle der Zahlung einer **26**Dividende und ist v. a. für Privatanleger vorteilhaft, weil in der Schweiz keine **68**Verrechnungssteuer abgezogen wird. Bedingung ist, dass der gesetzliche Minimalnennwert von 1 Rp. je Aktie eingehalten bleibt.

Notes

Am Schweizer **33**Kapitalmarkt privat plazierte, in der Regel fünf bis sieben Jahre laufende **47**Wertpapiere ausländischer Schuldner.

Notleidende Anleihe

21Anleihe, deren Zinsen nicht oder nicht fristgerecht bezahlt werden oder deren Rückzahlung nicht fristgerecht und vollständig erfolgt.

Null-Prozent-Anleihe, Zero bond

21Anleihe, die eine Verzinsung von 0% aufweist. Anstelle der Verzinsung wird die Anleihe in der Regel mit einem **117**Diskont begeben. Die Rückzahlung erfolgt zu 100%.

Obligation Als ▪47▪Wertpapier ausgestalteter und somit handelbarer Bruchteil einer ▪21▪Anleihe.

Optionsanleihe ▪21▪Anleihe, deren ▪37▪Obligationen neben dem Titelmantel und dem ▪25▪Coupon einen ▪37▪Optionsschein enthalten, der während der Optionsfrist zum Bezug einer bestimmten Anzahl Beteiligungspapiere (in der Regel des Emittenten) zu einem im Voraus fixierten Preis berechtigt (Optionsrecht). Die Obligation kann mit (cum) oder ohne (ex) den separat handelbaren Optionsschein gehandelt werden. Im Gegensatz zur ▪46▪Wandelanleihe läuft die Optionsanleihe nach Ausübung oder Verfall der Option bis zum Verfallszeitpunkt weiter.

Optionsschein Wird zusammen mit der ▪37▪Obligation abgegeben und berechtigt zum Bezug von ▪20▪Aktien oder anderen ▪47▪Wertpapieren. Seit 1986 werden in der Schweiz auch Optionsscheine (▪97▪Warrants) emittiert, die nicht an Obligationen gekoppelt sind.

Organe einer AG Gemäss Obligationenrecht Generalversammlung (Vereinigung der ▪21▪Aktionäre), Verwaltungsrat und Revisionsstelle. Die operative Führung obliegt der Geschäftsleitung.

Pari Börsenkurs oder ▪22▪Emissionspreis, der dem ▪36▪Nennwert eines ▪47▪Wertpapiers entspricht. Ist ein Kurs über pari (d. h. über 100%), weist er ein ▪22▪Aufgeld auf.

Partizipationsschein PS ▪47▪Wertpapier, das einen Anteil am Partizipationskapital eines Unternehmens verkörpert. Die auf den Namen oder den Inhaber lautenden PS werden (wie ▪20▪Aktien) gegen Einlage ausgegeben. PS enthalten gewisse gesetzlich garantierte Mindestrechte (v. a. Vermögensrechte), jedoch kein Stimmrecht.

Performance   1. Kursverlauf einer [20]Aktie oder [37]Obligation.

2. Wertentwicklung eines [139]Portefeuilles.

3. Anlagepolitische Leistung der Leitung eines [100]Anlagefonds im Hinblick auf das Anlageziel.

Performance fee   Erfolgsabhängige Kommission, die den Geldverwaltern vieler [60]Investmentgesellschaften ausbezahlt wird. Üblicherweise werden 10 bis 20% der Wertverbesserung eines Gefässes abgezweigt. Meistens, aber nicht in allen Fällen muss die Wertentwicklung eine Hürde (Hurdle rate) von 5 bis 10% pro Jahr übersprungen haben, bevor eine Erfolgsbeteiligung fällig wird.

Pfandbriefe   [37]Obligationen, die durch Grundpfand- und Faustpfandforderungen gesichert sind. Die Besicherung erfolgt durch Abtretung der Forderungen der Mitgliedbanken an das Pfandbriefinstitut (in der Schweiz die Pfandbriefzentrale der schweizerischen Kantonalbanken sowie die Pfandbriefbank der schweizerischen Pfandbriefinstitute). Die aufgenommenen Mittel müssen für die Finanzierung des inländischen [125]Hypothekargeschäfts verwendet werden. Pfandbriefe von ausländischen Emittenten richten sich, auch wenn sie auf Franken lauten, nach dem Recht des jeweiligen Staates.

Plazierungsformen   Eine [27]Emission erfolgt, wenn es sich nicht um eine [39]Privatplazierung handelt, in Verbindung mit einem öffentlichen Angebot zur [47]Zeichnung ([27]Emissionsprospekt). In der Regel wird eine Emission unter Beizug einer Bank (Fremdplazierung) vorgenommen, wobei zwischen der [33]kommissionsweisen Plazierung und der [28]Festübernahme unterschieden wird. Direktplazierungen sind fast ausschliesslich den Banken vorbehalten. Eine Sonderform bildet das [43]Tenderverfahren.

Primärmarkt   Im Primärmarkt werden neu emittierte [21] Anleihen ab der Lancierung bis zur Aufnahme an der Börse (Sekundärmarkt) gehandelt. Der Handel erfolgt telefonisch. Teil des [33] Kapitalmarkts.

Private equity   Investitionen in nichtkotierte Unternehmen mit dem Ziel einer Wertvermehrung, damit lukrativ über einen [63] IPO oder einen Direktverkauf ausgestiegen werden kann. Gehört zu den [21] alternativen Anlagen.

Privatplazierung,   [36] Plazierungsform ohne öffentliches [47] Zeichnungsan-
Private placement   gebot, das vor allem für [36] Notes angewendet wird. Dabei plazieren die Banken Titel, z. B. aus einer [28] Festübernahme, direkt bei ihren Kunden.

Quorum   Die zur rechtskräftigen Beschlussfassung notwendige Mindestzahl der an der Generalversammlung vertretenen Stimmen bzw. der anwesenden [21] Aktionäre einer [20] Aktiengesellschaft.

Raider   Bezeichnung für einen [51] Investor, der eine Gesellschaft gegen den Willen ihres Managements zu übernehmen trachtet.

Rating   Einstufung der [24] Bonität eines Schuldners durch spezialisierte [40] Rating-Agenturen – wie Standard & Poor's (S&P) und Moody's – aufgrund einheitlicher Kriterien und Verfahren.

Rating		
Beschreibung der Obligation	**S&P**	**Moody's**
Beste Qualität, minimales Risiko für den Anleger	AAA	Aaa
Sehr gutes Zins- und Rückzahlungspotenzial	AA	Aa
Gute Zins- und Rückzahlungsfähigkeit	A	A
Mittlere Qualität, genügendes Zinszahlungs- und Rückzahlungsvermögen	BBB	Baa
Zins- und Rückzahlung werden in zunehmendem Masse zur Spekulation	BB, B CCC, CC, C	Ba, B Caa, Ca, C
Zahlungsverzug	D	–

Rating-Agentur	Auf die Prüfung der Kreditqualität spezialisiertes Unternehmen, das aufgrund standardisierter Methoden und transparenter Kriterien eine Bewertung der Schuldnerbonität und eine Einstufung in Form von **39** Ratings vornimmt. Die grössten und bekanntesten Rating-Agenturen sind Standard & Poor's, Moody's und Fitch.
Referenzzinssatz	Repräsentativer Zinssatz, an dem sich z.B. die Verzinsung von **29** Floatern orientiert. Beispiele im kurzfristigen Laufzeitbereich sind der **35** Libor und der **35** Libid.
Rendite auf Verfall	Mass für die effektive Verzinsung einer Obligation. Berechnungsgrundlage sind Kurswert, Rückzahlungspreis, Restlaufzeit und Coupon. Steigt der Kurs der Obligation, sinkt die Rendite, und umgekehrt.

Rendite auf Verfall (Annäherung)

Eckdaten

Zinssatz	5%
Restlaufzeit	3 Jahre
Kaufkurs	94%

$$\text{Rendite} = \frac{\text{Zinssatz} + \dfrac{100 - \text{Kaufkurs}}{\text{Restlaufzeit}}}{\dfrac{\text{Kaufkurs} + 100}{2}} \times 100 = \frac{7}{97} \times 100 = 7{,}2\%$$

Renditedifferenz	Wird für den Vergleich von **21** Anleihen verschiedener Währung, Branche, **24** Bonität oder **34** Laufzeit verwendet. Die Renditedifferenz wird oft auch als **42** Spread bezeichnet.
Retail-Anleger	Privat- und Kleininvestoren.
Risiken von Obligationen	Die Gefahr, dass der Obligationenkurs wegen einer Verschlechterung der Kreditqualität oder eines Zinsanstiegs sinkt, wird als **40** Bonitäts- bzw. Zinsrisiko bezeichnet.

Ein Währungsrisiko tragen **29** Fremdwährungsobligationen, weil eine Abwertung der Fremdwährung den in seiner Heimwährung rechnenden Investor trifft. Weitere Risiken sind das Kündigungsrisiko (**34** Kündigung durch Emittenten) und das Transferrisiko (ausländischer Staat untersagt den Emittenten, ihre Auslandschulden zu begleichen).

Road show

Präsentationstour eines emissionswilligen Schuldners oder **63** IPO-Kandidaten bei Investoren meist unter Führung des künftigen **28** Federführers.

Schutzklauseln von Obligationen

Schützen die Obligationäre vor einer Verschlechterung ihrer Gläubigerstellung. Die Negativ-pledge-Klausel stellt sicher, dass eine bereits ausstehende **21** Anleihe mit denselben Sicherheiten ausgestattet wird, die später begründeten Verbindlichkeiten eingeräumt werden. Die Pari-passu-Klausel bietet Gewähr dafür, dass eine bereits ausstehende, unbesicherte Anleihe in jeder Hinsicht im gleichen Rang steht wie alle anderen gegenwärtigen und künftigen Verpflichtungen, die unbesichert, unbedingt und nicht nachrangig sind. Die Cross-default-Klausel gibt dem **28** Federführer das Recht, eine Anleihe im Namen der Obligationäre sofort als fällig zu erklären, wenn der Schuldner seinen Verpflichtungen aus einer anderen Anleihe nicht fristgerecht nachkam und deshalb in Verzug gesetzt worden ist.

Sekundärmarkt

Markt, auf dem der Handel mit bereits ausgegebenen **47** Wertpapieren stattfindet (**53** Börse oder **52** ausserbörslicher Handel). Teil des **33** Kapitalmarkts.

Sekundärplazierung

Kann von einem Grossaktionär, der sich von einem Aktienpaket trennen, aber den Börsenkurs nicht unter Druck setzen will, eingeleitet werden. Dabei übernimmt eine Bank den Auftrag, in einem meist öffentlich gemachten Vorgehen

Käufer für grössere Teilmengen der umzuplazierenden Aktien zu finden. Der Transaktionspreis wird üblicherweise geringfügig unter dem Marktpreis der Aktien angesetzt.

Speculative grade, Spekulative Qualität Anleihen, denen von den 40 Rating-Agenturen ein 39 Rating von BB/Ba oder tiefer zugeordnet wird.

Spin-off Ausgliederung und Verselbständigung eines Unternehmens aus einem 34 Konzern. Entweder werden die 20 Aktien der neuen Gesellschaft direkt an den bisherigen Aktionärskreis abgegeben oder durch ein 63 Going public an die Börse gebracht.

Spread 1. Allgemein: Differenz zwischen zwei Vergleichsgrössen.
2. Zinsdifferenz zwischen lang- und kurzfristigen Zinsen (vereinfachte Form der 47 Zinskurve).
3. Renditeaufschlag, den die Obligationen einer bestimmten Schuldnerkategorie oder eines einzelnen Schuldners im Vergleich zu einem 102 Benchmark, z. B. der Rendite von Staatsanleihen oder dem 94 Swap-Satz, aufweisen.
4. 58 Geld-Brief-Spanne.

Staatsanleihe 21 Anleihe, die von einem Staat zur Deckung seines Finanzierungsbedarfs im In- oder Ausland emittiert wird. Die 157 Renditen der Staatsanleihen dienen als 102 Benchmark für andere 27 Emittenten desselben Staates. Die Schweiz begibt im Unterschied zu anderen Ländern keine Staatsanleihen im Ausland.

Stakeholders Wirtschaftliche, staatliche oder andere gesellschaftliche Gruppen (z. B. 21 Aktionäre, Mitarbeiter, Kunden, Lieferanten, Steuerbehörden), die ein Interesse an den Leistungen und am finanziellen Ergebnis eines Unternehmens geltend machen.

Step-up-Klausel	Regelt die Voraussetzungen für die Erhöhung des Coupons einer festverzinslichen Anleihe. Die Erhöhung kann entweder nach einer im Voraus bestimmten Zeitspanne oder aufgrund einer Verschlechterung des **39** Rating vorgenommen werden.
Stockdividende	Ausschüttung einer **26** Dividende in Form von **20** Aktien der Gesellschaft.
Stock picking	Aktienauswahl auf einem bestimmten Markt mit dem Ziel, den entsprechenden **50** Aktienindex zu schlagen.
Straight	Vorrangige **21** Anleihe ohne **46** Wandel- oder Optionsrecht (**37** Optionsanleihe) mit einem festen Zinssatz während der ganzen **34** Laufzeit.
Stückelung	Nennwert der einzelnen Abschnitte einer **27** Emission. Am schweizerischen Obligationenmarkt beträgt die Stückelung in der Regel 5000 und 100 000 Fr., doch werden zunehmend auch solche über 10 000 Fr. in Umlauf gesetzt. Eine Ausnahme bildet die Eidgenossenschaft, die sich auf 1000 Fr. festgelegt hat.
Tantieme	Anteil am Reingewinn, der an die Verwaltung bzw. an die Verwaltungsratsmitglieder einer **20** Aktiengesellschaft ausbezahlt wird.
Tenderverfahren	Sonderform der **38** Plazierung, die in der Schweiz vor allem die Eidgenossenschaft anwendet. Dabei richten sich das Emissionsvolumen und der **22** Emissionspreis nach der Marktnachfrage. Wird die **21** Anleihe überzeichnet, erhalten jene Zeichner eine Zuteilung, die den höchsten Emissionspreis angegeben haben.

TMT Kürzel für Technologie-, Medien- und Telecombranche bzw. die 20 Aktien der entsprechenden Gesellschaften.

Treasury bills 30 Geldmarktpapiere mit einer 34 Laufzeit bis zu 360 Tagen, die von den Schatzämtern der USA, Grossbritanniens und Kanadas ausgegeben werden.

Treasury bonds, Schuldverpflichtungen des amerikanischen Schatzamtes
Long bonds in 37 Obligationenform mit einer 34 Laufzeit von zehn bis dreissig Jahren (Long bonds).

Treuhandgelder Der Kunde übergibt der Bank einen bestimmten Betrag mit dem Auftrag, diesen bei einer Drittbank (meistens am 28 Euromarkt) für seine Rechnung und auf seine Gefahr, aber im Namen der Bank anzulegen.

Trust 1. Konzern mit überragender Marktbeherrschung.
2. Verwaltung von Vermögensrechten zugunsten von Dritten, wobei nach angelsächsischem Recht sowohl der Treuhänder (trustee) als auch die Begünstigten (beneficiaries) Eigentümer sind.

Übernahmeangebot, Ein in der Regel über dem Marktpreis liegendes Kaufange-
Tender offer bot für die 20 Aktien einer Gesellschaft mit dem Ziel, die Kontrolle über ein Unternehmen zu gewinnen. Die Investoren werden aufgrund ihrer Absicht als 39 Raiders oder 47 White knights bezeichnet. Publikumsaktionäre sollen durch das 63 öffentliche Kaufangebot geschützt werden.

Unterstützungsmechanismen Die Garantie ist die stärkste Form der Unterstützung für
von Obligationen den Fall einer 25 Zahlungsunfähigkeit eines Schuldners. Sie ermöglicht dem Obligationär, seine Forderungen direkt beim Garanten geltend zu machen, sobald der Schuldner seinen Verpflichtungen nicht nachkommt. Eine Bürgschaft kann dagegen erst dann beim Bürgen eingefordert

werden, wenn das **127**Konkursverfahren für den Schuldner abgeschlossen ist. Ein Support oder Keep well agreement verpflichtet die Muttergesellschaft dazu, ihre Tochter geschäftsfähig zu halten. Wird diese Verpflichtung nicht eingehalten, kann der Gläubiger die Mutter nur indirekt belangen, indem er die Tochter veranlasst, das Agreement durchzusetzen. Die Share maintenance clause verpflichtet den Hauptaktionär eines Schuldners, einen bestimmten Prozentsatz der Aktien – in der Regel mindestens 50% – zu halten.

Verbriefung   Form der Verurkundung eines **47**Wertpapiers. Heute werden am Schweizer Markt nur noch selten **37**Obligationen als Einzelurkunden (Inhaberpapiere) physisch gedruckt und dem Investor geliefert. Stattdessen wird der Emissionsbetrag als permanente Globalurkunde verbrieft. Eine Zwischenlösung bildet die technische Globalurkunde. Hier hat der Investor das Recht, auf Wunsch die Einzelurkunden einzufordern. **20**Aktien werden heute meist als Wertpapiere mit aufgeschobenem Titeldruck verbrieft.

Vinkulierung   Einschränkung der Übertragung von **36**Namenaktien aufgrund entsprechender Statutenbestimmungen der Gesellschaft.

Vorzugsaktien   **20**Aktien, die dem **21**Aktionär im Vergleich zu anderen Aktienkategorien gewisse Vorteile gewähren, hauptsächlich bei der Gewinnverteilung (Vorzugsdividende), Auflösung der Gesellschaft und Ausübung der **23**Bezugsrechte.

Wachstumsaktien   **20**Aktien von Unternehmen, denen eine überdurchschnittliche Ertragskraft eingeräumt wird (z.B. in der High-Tech-Branche). Entsprechend weisen Wachstumsaktien ein hohes **154**Kurs-Gewinn-Verhältnis auf.

Wandelanleihe, Convertible bond	Ist mit einem Wandelrecht ausgestattet, das den Gläubiger berechtigt, die Obligation zu einem im Voraus bestimmten Verhältnis in ■20 Aktien des betreffenden Unternehmens umzuwandeln. Das Wandelrecht ist im Gegensatz zur ■37 Optionsanleihe untrennbar mit der Anleihe verbunden. Nach der Wandlung geht die Obligation unter.
Wandelparität	Preis, den man für den Kauf einer ■20 Aktie über den Erwerb einer ■46 Wandelanleihe bezahlen muss.
Wandelprämie	Gibt an, um wieviel der Erwerb von ■20 Aktien durch Ausübung des Wandelrechts (■46 Wandelanleihe) teurer bzw. billiger ist als der direkte Kauf an der ■53 Börse. Die Wandelprämie entspricht der Differenz in Prozenten zwischen der ■46 Wandelparität und dem aktuellen Börsenkurs der Aktie.

Wandelprämie

Eckdaten

Kurs Wandelanleihe:	4750 Fr.
Nominalwert:	5000 Fr.
aufgelaufene Zinsen:	50 Fr.
Wandelbetrag:	500 Fr.
Bezugsverhältnis:	1:1
Kurs Aktie:	4500 Fr.

$$\text{Wandelprämie} = \frac{(\text{Kurs Wandelanleihe} + \text{Zinsen} + \text{Wandelbetrag} - \text{Kurs Aktie})}{\text{Kurs Aktie} \times \text{Bezugsverhältnis}} \times 100$$

$$= \frac{(4750 + 50 + 500 - 4500)}{4500 \times 1} \times 100 = 17,8\%$$

Je höher die Wandelprämie ist, um so mehr nähert sich die Wandelanleihe einer gewöhnlichen Anleihe.

WatchList, CreditWatch	Überprüfungsliste, auf welche die ■40 Rating-Agenturen das ■39 Rating für eine Anleihe oder ein Unternehmen gesetzt haben, bevor es verändert wird. Dabei wird angegeben, in welche Richtung sich das Rating voraussichtlich bewegen wird. Standard & Poor's nennt diese Liste CreditWatch, bei Moody's heisst sie WatchList.

Wertpapier

Jede Urkunde, mit der ein Recht derart verknüpft ist, dass es ohne die Urkunde weder geltend gemacht noch auf andere übertragen werden kann. Zu den Wertpapieren zählen **20**Aktien, **37**Obligationen, **38**Pfandbriefe, **37**Partizipations- und **30**Genussscheine, **101**Anteile von Anlagefonds und **97**Warrants.

White knight

Ein dem Management eines Unternehmens erwünschter Übernehmer, der die Gesellschaft anstelle des «feindlichen» **39**Raider erwirbt.

Zeichnung, Subskription

Durch die Zeichnung einer bestimmten Anzahl von **47**Wertpapieren verpflichtet sich der **51**Anleger, im Falle der definitiven Zuteilung Titel der **27**Emission gemäss den Bedingungen des **27**Prospekts zu übernehmen und zu bezahlen (**35**Liberierung).

Zinskurve, Zinsstrukturkurve

Bildet den aktuellen Ertrag (**40**Rendite auf Verfall) von verzinslichen Anlagen mit verschiedener Laufzeit und gleicher Qualität ab. Weil die Erwartungen des Marktes in den aktuellen Renditen enthalten sind, entspricht die Zinskurve einer Konsensprognose der Anleger.

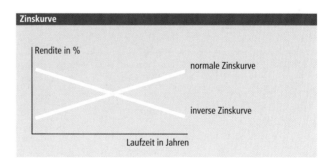

Zinskurve

Rendite in %

normale Zinskurve

inverse Zinskurve

Laufzeit in Jahren

Abwicklung	50	
Ad-hoc-Publizität	50	
Adressierte Offerte	50	
Aktienindex	50	
Aktionärsbeziehungen	51	
Akzept-Auftrag	51	
Anleger	51	
Arbitrage	52	
Aufschwung	52	
Auftrag mit versteckter Menge	52	
Auftragsbuch	52	
Ausserbörslicher Handel	52	
Baisse	52	
Bear	52	
Bestens-Auftrag	53	
Blockhandel	53	
Börse	53	
Börsenauftrag	53	
Börsengesetz	53	
Börsenkonzession	53	
Börsenmitglied	54	
Börsenordnung	54	
Börsenorgane	54	
Börsenpflicht	54	
Börsensystem	55	
Börsenzeit	55	
Briefkurs	55	
Broker	55	
Bull	55	
Chart	55	
Corner	55	
Corporate governance	56	
Courtage	56	
Discount broker	56	
Dow Jones Industrial Average	56	
Ecart	56	
Effekten	56	
Effektenhändler	57	
Emissionsabgabe	57	
Emissionshäuser	57	
Eskomptieren	57	

Eurex	57	
Fill- oder Kill-Auftrag	57	
Forex	57	
Fraktion	58	
Front running	58	
Fundamentalanalyse	58	
Geld-Brief-Spanne	58	
Geldkurs	58	
Gewinnmitnahme	58	
Glattstellung	58	
Handelsunterbruch	59	
Händlerkategorien	59	
Hauptwerte	59	
Hausse	59	
Hedging	59	
Insider	60	
Insidertransaktion	60	
Institutionelle Anleger	60	
Intersettle	60	
Investmentgesellschaft	60	
Kassageschäft	60	
Kassamarkt	60	
Kotierung	60	
Kurs	61	
Kurspflege	61	
Leerverkauf	61	
Limite	61	
Long-Position	61	
Market maker	61	
Matcher	61	
Meldepflicht	62	
Nasdaq	62	
Nebenwerte	62	
Neuer Markt	62	
New York Stock Exchange	62	
Offenlegung von Beteiligungen	62	
Öffentliches Kaufangebot	63	
Opting out	63	
Opting up	63	
Paritätskurse	63	
Preis-Zeit-Priorität	63	

Publikumsöffnung	63	
Qualifizierte Beteiligung	64	
Rally	64	
Referenzpreis	64	
Rezession	64	
Schlusseinheit	64	
Schweizerische Effekten-Giro AG	64	
SEC	64	
Short-Position	64	
SIS SegaInterSettle	65	
SIS Systems	65	
Soffex	65	
Spekulation	65	
Squeeze out	65	
Stempelabgaben	65	
Stop-Auftrag	65	
Swiss market feed	66	
Swiss Market Index	66	
Swiss Performance Index	66	
SWX Swiss Exchange	66	
Technische Analyse	66	
Terminbörse	67	
Transaktionskosten	67	
Turnaround	67	
Übernahmekommission	67	
Überwachungsstelle	67	
Umsatzabgabe	67	
Usanz	67	
Valorennummer	67	
Valutatag	68	
Verhaltensregeln	68	
Verhaltensregeln für Effektenhändler	68	
Verrechnungssteuer	68	
Virt-x	68	
Voreröffnung	68	
Wallstreet	68	
Wertschriftenanalyse	69	
Wertschriften-Clearing	69	
Zulassungsstelle	69	
Zweite Handelslinie	69	

Abwicklung, Clearing, Settlement

Ein Börsengeschäft wird in drei Schritten abgewickelt: Nach dem Abschluss des Handelsgeschäfts (Trade) folgen die Datenübereinstimmung zwischen Käufer und Verkäufer (Matching), die Eingabe in das Verrechnungssystem (Clearing) und die Erfüllung (Settlement). Die **66**SWX verbindet Handel und Abwicklung elektronisch miteinander. Normale Börsengeschäfte werden in der Regel «**68**Valuta drei Tage» abgerechnet, d. h., Lieferung und Zahlung aus einer Börsentransaktion erfolgen gemäss **67**Usanzen am dritten Börsentag nach dem Abschluss.

Ad-hoc-Publizität

53Börsenrechtliche Vorschrift, die verlangt, dass kursrelevante Ereignisse dem Markt unmittelbar mitgeteilt werden.

Adressierte Offerte

Im **52**ausserbörslichen Handel die Reaktion auf eine Interessenanmeldung eines anderen Börsenmitglieds. Die Offerte, von der die übrigen Mitglieder nichts erfahren, kann innerhalb ihrer Gültigkeit vom Empfänger angenommen, ignoriert oder verworfen werden.

Aktienindex

Misst die Entwicklung eines Aktienmarktes. Der Aktienindex umfasst ein **139**Wertschriftenportefeuille von ausgewählten **20**Aktien eines Landes oder einer Region, deren Kurse unter Berücksichtigung bestimmter Berechnungskriterien den jeweiligen, fortlaufend **152**berechneten Indexstand ergeben (vgl. Tabelle Seite 51).

Ausgewählte internationale Aktienindizes

Börsenplatz	Index	Kürzel
Amsterdam	Amsterdam Stock Exchange	AEX
Frankfurt	Deutscher Aktienindex	Dax
Helsinki	Helsinki Stock Exchange	HEX
Hongkong	Hang-Seng-Index	HHSI
Johannesburg	Johannesburg Stock Exchange	JSE Overall
London	Financial Times Stock Exchange	FTSE 100
Madrid	Iberia Stock Exchange	Ibex 35
Mailand	Milano Indice di Borsa	MIB-Storico
New York	Dow Jones Industrial Average	DJIA
	Standard & Poor's 500	SPX
Oslo	Oslo Stock Exchange	OSE All share
Paris	Cotation Assisté en Continue	Cac40
Stockholm	Affärsvärlden General	SX General
Sydney	All Ordinaries Index	ASX
Tokio	Nikkei-225-Index	Nikkei 225
Toronto	Toronto Stock Exchange	TSE 300
Wien	Austrian Traded Index	ATX
Zürich	Swiss Market Index*	SMI
	Swiss Performance Index	SPI
Europa	Dow Jones Stoxx 50	Stoxx 50
EWU	Dow Jones Euro Stoxx	Euro Stoxx
weltweit	Morgan Stanley Capital International	MSCI

* Titel werden an der Virt-x gehandelt

Aktionärsbeziehungen, Investor relations Zu guten Aktionärsbeziehungen eines Unternehmens gehören unter anderem eine ertragsorientierte ■26Dividendenpolitik, eine aussagekräftige Rechnungslegung (■160true and fair view), aktionärsfreundliche Kapitalmarkttransaktionen, klare Kapital- und Stimmenverhältnisse.

Akzept-Auftrag An der ■66SWX kann ein Händler mittels Akzept-Auftrag alle Offerten im ■52Auftragsbuch bis zu einer bestimmten ■61Limite «abräumen», ohne seinen Auftrag ins Auftragsbuch einzugeben.

Anleger, Investor Person oder Institution, die ■47Wertpapiere mit dem Zweck erwirbt, einen Ertrag zu erzielen oder den Geldwert zu erhalten.

Arbitrage Ausnützung örtlicher oder internationaler Kursunterschiede gleicher Wertpapiere, wobei diese auf dem Markt mit den niedrigsten Preisen gekauft und am Markt mit den höchsten Preisen verkauft werden. Ebenso können Zins- und Währungsdifferenzen durch Arbitrage zur Ertragssteigerung ausgenützt werden.

Aufschwung, Boom Eine stürmische wirtschaftliche Aufwärtsentwicklung, Hochkonjunktur. Gegensatz: Rezession.

Auftrag mit versteckter Menge Der Händler kann an der SWX den Börsenauftrag so ins Auftragsbuch eingeben, dass nur ein Teil für Dritte sichtbar wird. Sobald dieser Teil ausgeführt ist, wird ein weiterer Teil offengelegt.

Auftragsbuch Im elektronischen Auftragsbuch der SWX werden alle zu einem Zeitpunkt vorliegenden Kauf- und Verkaufsaufträge für einen bestimmten Titel zusammengestellt.

Ausserbörslicher Handel Im Normalfall wird der Handel mit Wertpapieren über die SWX abgewickelt. Das Börsensystem unterstützt aber auch Formen des ausserbörslichen Handels (adressierte Offerte). Für sämtliche ausserhalb des Systems getätigten Abschlüsse der Börsenmitglieder besteht eine Meldepflicht (Reporting). Ausserbörslicher Handel im weiteren Sinne sind alle ausserhalb von Börsen vorgenommenen Transaktionen mit Wertschriften (z. B. OTC-Derivate).

Baisse Längere Zeit anhaltender Kurszerfall an der Börse (auch Bear-Market genannt). Gegensatz: Hausse.

Bear Bezeichnung für den eine Baisse erwartenden Anleger (Bär), im Unterschied zur entsprechenden Bezeichnung Bull (Stier) für den Haussier.

Bestens-Auftrag Auftragsart ohne Vorgabe eines Höchst- bzw. Mindest-
kurses. An der 66 SWX bleiben diese Aufträge nicht in der
Obhut des Händlers, sondern werden sofort ins 52 Auf-
tragsbuch eingegeben. Sie werden zum 64 Referenzpreis
ausgeführt, der sich allerdings jederzeit verändern kann.
Bestens-Aufträge sollten nur für sehr 143 liquide Titel angewendet werden.

Blockhandel Handel in grossen Paketen von 47 Wertpapieren. Würden
solche Geschäfte über die 53 Börse abgewickelt, käme es
zu grossen Kursausschlägen, weshalb diese Pakete in der
Regel 52 ausserbörslich gehandelt werden.

Börse Regelmässig stattfindender, nach feststehenden 67 Usanzen organisierter Markt. Je nach den gehandelten Gütern
spricht man z. B. von 47 Wertpapier-, 56 Effekten-, 116 De-
visen-, Warenbörsen oder Börsen für 77 derivative Instrumente (67 Terminbörsen).

Börsenauftrag Der Bank oder dem 55 Broker durch den Kunden erteilter
Auftrag, an der 53 Börse 47 Wertpapiere zu kaufen oder zu
verkaufen. Auftragsformen an der 66 SWX: 51 Akzept-
Auftrag, 52 Auftrag mit versteckter Menge, 53 Bestens-
Auftrag, 57 Fill- oder Kill-Auftrag, 65 Stop-Auftrag.

Börsengesetz, Börsenrecht Das Bundesgesetz über die Börsen und den Effektenhandel (Börsengesetz) regelt die Voraussetzungen für die
Einrichtung und den Betrieb von 53 Börsen sowie für den
gewerbsmässigen Handel mit 55 Effekten, um für den
51 Anleger Transparenz und Gleichbehandlung sicherzustellen.

Börsenkonzession Wird nur an natürliche Personen abgegeben. A-Konzes-
sion: Mitgliedschaft an der Börse; B-Konzession: Bewilligung des ausserbörslichen 57 Effektenhandels.

Börsenmitglied Muss den Effektenhandel gewerbsmässig betreiben (vgl. **57** Effektenhändler).

Börsenordnung Enthält Bestimmungen für den Handel an der **66** SWX. Sie umfasst vor allem technische Regelungen wie Börsentage, **55** Börsenzeit, Segmente usw.

Börsenorgane

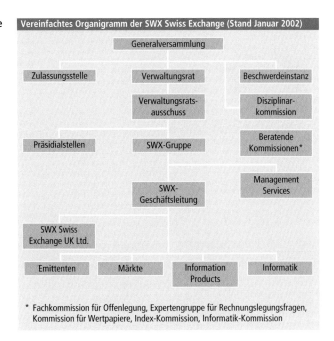

Vereinfachtes Organigramm der SWX Swiss Exchange (Stand Januar 2002)

Generalversammlung

Zulassungsstelle · Verwaltungsrat · Beschwerdeinstanz

Verwaltungsratsausschuss · Disziplinarkommission

Präsidialstellen · SWX-Gruppe · Beratende Kommissionen*

SWX-Geschäftsleitung · Management Services

SWX Swiss Exchange UK Ltd.

Emittenten · Märkte · Information Products · Informatik

* Fachkommission für Offenlegung, Expertengruppe für Rechnungslegungsfragen, Kommission für Wertpapiere, Index-Kommission, Informatik-Kommission

Börsenpflicht Die Mitglieder der **66** SWX sind während der Handelszeit dazu verpflichtet, sämtliche Aufträge in die **52** Auftragsbücher einzugeben und über den **61** Matcher ausführen zu lassen.

Ausnahmen von der Börsenpflicht

Aktien	Einzelaufträge mit einem Kurswert von 200 000 Fr. und mehr
Obligationen	Einzelaufträge mit einem Nominalwert von 100 000 Fr. und mehr
Optionen	Einzelaufträge mit einem Kurswert von 100 000 Fr. und mehr
Sammelaufträge	mit einem Kurs- bzw. Nominalwert von 1 Mio. Fr. und mehr

Aufträge für Bezugsrechte ohne Einschränkung

Börsensystem Zentrale Computer der **66** SWX, auf denen die verschiedenen Applikationen ausgeführt werden. Zum Börsensystem zählen die **52** Auftragsbücher für alle gehandelten **56** Effekten, der **61** Matcher, die Stammdatenverwaltung und die Börsenaufsicht.

Börsenzeit Gliedert sich an der **66** SWX in die **68** Voreröffnung (6.00 Uhr bis 9.00 Uhr und 17.30 Uhr bis 22.00 Uhr), die Eröffnung (8.30 Uhr Bundesobligationen, 9.30 Uhr übrige **37** Obligationen, 9.00 Uhr **20** Aktien, 9.15 Uhr **77** Derivate) und den laufenden Handel (Eröffnung bis 17.30 Uhr).

Briefkurs Kurs, zu dem **47** Wertpapiere zum Verkauf angeboten werden, d. h., der Anbietende hat den «Brief» bzw. das Wertpapier. Durch den Zusatz B bzw. b wird der Briefkurs gekennzeichnet. Pendant: **58** Geldkurs.

Broker Händler, der für fremde Rechnung, d. h. im Auftrag seiner Kunden, Börsengeschäfte ausführt. In der Schweiz sind im Unterschied zu verschiedenen anderen Ländern auch die Banken zum Börsenhandel zugelassen.

Bull Bezeichnung für den eine Hausse erwartenden Anleger (Stier), im Unterschied zur entsprechenden Bezeichnung **52** Bear (Bär) für den **52** Baissier.

Chart Die grafische Darstellung des Kursverlaufs von **47** Wertpapieren. Die Charts werden von spezialisierten Analysten aufgrund verschiedener Faktoren (z. B. Umsatz, Kursverlauf) für die Erstellung von Kursprognosen verwendet (**66** technische Analyse).

Corner Kauf einer grossen Menge eines **47** Wertpapiers, so dass dessen Preis beeinflusst werden kann. Für den **61** Leerverkäufer bedeutet dies, dass er sich nicht mehr mit den

am Markt verfügbaren Titeln eindecken kann, somit theoretisch einen beliebig hohen Preis bezahlen muss.

Corporate governance
Unternehmensaufsicht durch Verwaltungsrat und Revisionsstelle. Zunehmende Kritik an der Qualität der Arbeit dieser [37]Organe führte dazu, dass Unternehmerverbände und [53]Börsen Regelwerke zur Aufsicht ausgearbeitet haben. Teile davon werden in den nächsten Jahren für kotierte Unternehmen verbindlich werden.

Courtage
Kommission der Banken für den Kauf oder Verkauf von [47]Wertpapieren, auch Vermittlungskommission oder Transaktionsprovision genannt.

Discount broker
Börsengeschäfte lassen sich über einen Discount broker in der Regel zu tieferen Gebühren abwickeln als über einen «normalen» Börsenhändler. Allerdings muss auf Research-Informationen verzichtet werden.

Dow Jones Industrial Average
[50]Aktienindex der [62]New Yorker Effektenbörse, der seit 1897 regelmässig berechnet wird. Das Barometer für [23]Blue chips weist allerdings einige negative Eigenschaften auf: schmale Titelbasis (30 Werte), preisgewichtete [152]Index-Berechnung. Bekannt sind auch: Dow Jones Transportation, Dow Jones Utilities, Dow Jones Composite.

Ecart
Kursunterschied zwischen den [32]Inhaber- und den [36]Namenaktien eines Unternehmens.

Effekten
Vereinheitlichte und zum massenweisen Handel geeignete [47]Wertpapiere, nicht verurkundete Rechte mit gleicher Funktion (Wertrecht) und [77]Derivate. Effekten sind [29]fungibel und an der [53]Börse handelbar. Nicht alle Wertpapiere (z. B. [33]Kassenobligationen) sind Effekten, aber alle Effekten sind Wertpapiere.

Effektenhändler   Personen und Gesellschaften, die gewerbsmässig auf dem **41**Sekundärmarkt **56**Effekten an- und verkaufen, **77**Derivate schaffen und anbieten, sowie die **27**Emittenten.

Emissionsabgabe   Eidgenössische Steuer für inländische Unternehmen, welche **47**Wertpapiere ausgeben. Für **20**Aktien beträgt die Emissionsabgabe 2% des **22**Emissionspreises. Für **37**Obligationen ist pro Laufzeitjahr 0,12% des Nominalwerts zu entrichten. Die Emissionsabgabe gehört zu den **65**Stempelabgaben.

Emissionshäuser   **57**Effektenhändler, welche gewerbsmässig **56**Effekten, die von Drittpersonen ausgegeben worden sind, fest oder in Kommission übernehmen und öffentlich auf dem **39**Primärmarkt anbieten.

Eskomptieren   Vorwegnahme künftiger Entwicklungen des Geschäftsverlaufs durch eine entsprechende Höher- oder Tieferbewertung der **47**Wertpapiere. So kann z. B. die Ankündigung einer **26**Dividendenerhöhung durch einen Kursanstieg der **20**Aktie eskomptiert werden.

Eurex   Deutsch-schweizerische **67**Terminbörse für den vollelektronischen Handel und das Clearing von standardisierten **77**derivativen Instrumenten. Die Eurex entstand im September 1998 aus der Fusion zwischen der **65**Soffex und der Deutschen Terminbörse.

Fill- oder Kill-Auftrag   An der **66**SWX wird durch die Aufgabe eines Fill- oder Kill-Auftrags entweder der ganze Auftrag sofort ausgeführt, oder er verfällt.

Forex   Abkürzung für Foreign exchange; Bezeichnung für Begriffe rund um den Handel mit **116**Devisen (z. B. Forex-Märkte). Dieser findet grösstenteils ausserbörslich statt.

Fraktion, Odd lot   Kleinere Einheit als die entsprechende 64 Schlusseinheit. Die Handelbarkeit einer Fraktion ist teilweise erschwert. Fraktionen werden an der 66 SWX nach festen Regeln zusammengefasst und zum 64 Referenzpreis abgewickelt.

Front running   Verpöntes Verhalten, wonach ein Händler oder 51 Anleger mit dem Wissen einer bevorstehenden Börsentransaktion, die mit ziemlicher Sicherheit zu einer grösseren Kursveränderung führen wird, 47 Wertpapiere auf eigene Rechnung kauft oder verkauft, um von dieser Veränderung zu profitieren.

Fundamentalanalyse   Methode zur 142 Aktienbewertung mittels fundamentaler, betriebswirtschaftlicher Faktoren (145 Bilanzanalyse, Management-Beurteilung, Brancheneinschätzung, Gewinnerwartung). Liegt der aktuelle Kurs tiefer als der geschätzte 153 innere Wert einer Aktie, gilt sie als unterbewertet. Gegensatz: 66 technische Analyse.

Geld-Brief-Spanne   Differenz zwischen dem Geld- und dem 55 Briefkurs eines Finanzwerts (130 Marge). Je tiefer sie ist, desto kostengünstiger ist der Handel (42 Spread).

Geldkurs   Kurs, zu dem 47 Wertpapiere vom Käufer gesucht werden, d. h., der Nachfragende hat das «Geld». Durch den Zusatz G bzw. g wird der Geldkurs gekennzeichnet. Pendant: 55 Briefkurs.

Gewinnmitnahme   Verkauf von 47 Wertpapieren, um einen erzielten, noch rechnerischen Kursgewinn sicherzustellen.

Glattstellung   Eine offene Börsen- oder Devisenposition wird durch ein entsprechendes Gegengeschäft ausgeglichen (z. B. werden auf den gleichen 94 Termin verkaufte 47 Wertpapiere durch einen entsprechenden Terminkauf eingedeckt).

Handelsunterbruch, Stop trading	Der Handel an der ▮66▮SWX/Virt-x mit bestimmten Wertpapierkategorien wird unterbrochen, wenn sich bei der Preisbildung ein bezahlter Kurs ergibt, der um einen bestimmten Prozentwert vom ▮64▮Referenzpreis abweicht.

Unterbruch an der SWX Swiss Exchange / Virt-x

SMI-Titel (Ausnahmen siehe unten)
Unterbruch für fünf Minuten, wenn der potenzielle Folgekurs 0,75% oder mehr vom Referenzwert abweicht.

Ciba SC N, Clariant N, Holcim I, Rentenanstalt N, Sulzer N, Swatch G N/I
Unterbruch für 5 Minuten, wenn der potenzielle Folgekurs 1,5% oder mehr vom Referenzwert abweicht.

Übrige Aktien und Anlagefonds, Bâloise N, SGS I
Unterbruch für 15 Minuten, wenn der potenzielle Folgekurs 2% oder mehr vom Referenzpreis abweicht. Kein Unterbruch in Titeln mit einem Kurswert von weniger als 10 Fr.

Obligationen der Eidgenossenschaft
Unterbruch für 15 Minuten, wenn der potenzielle Folgekurs 1% oder mehr vom Referenzpreis abweicht.

Übrige Obligationen
Unterbruch für 15 Minuten, wenn der potenzielle Folgekurs 2% oder mehr vom Referenzpreis abweicht. Kein Unterbruch in Titeln mit einem Kurswert von weniger als 10%.

Händlerkategorien	Die Verordnung zum ▮53▮Börsengesetz unterscheidet die fünf Kategorien Eigenhändler, ▮57▮Emissionshäuser, ▮77▮Derivathäuser, ▮61▮Market makers und Kundenhändler.
Hauptwerte, Large caps	Gesellschaften mit einer grossen ▮145▮Börsenkapitalisierung im Verhältnis zum Markt, an dem sie gehandelt werden. Gegensatz: ▮62▮Small & Mid caps (Nebenwerte).
Hausse	Längere Zeit anhaltende, starke Kurssteigerungen an der ▮53▮Börse, auch ▮55▮Bull-Market genannt. Gegensatz: ▮52▮Baisse.
Hedging, Absicherungsgeschäft	▮94▮Termintransaktion im ▮116▮Devisen-, ▮47▮Wertpapier- und Warengeschäft, um eine bestehende Position gegen Preisschwankungen abzusichern. Ein tatsächlicher Kurszerfall kann beispielsweise durch einen Gewinn im Termingeschäft kompensiert werden.

Insider Person, die eine vertrauliche Tatsache kennt oder über nicht allgemein zugängliche Informationen verfügt, die nach ihrem Bekanntwerden voraussichtlich einen Einfluss auf den Kurs von **47**Wertpapieren haben.

Insidertransaktion Ausnützen von Informationen, welche die Kurse von **47**Wertpapieren erheblich beeinflussen können, um dadurch einen Vermögensvorteil zu erlangen. Insidertransaktionen werden mit Busse und Gefängnis bestraft.

Institutionelle Anleger **51**Anleger mit erheblichem, meist kontinuierlichem Anlagebedarf, z. B. Pensionskassen.

Intersettle Das **69**Wertschriften-Clearing-System Swiss Corporation for International Securities Settlements (Intersettle) dient der rationellen Transaktionsabwicklung von ausländischen **47**Wertpapieren. Es fusionierte 1999 mit der **64**Sega zur SIS SegaIntersettle.

Investmentgesellschaft, Beteiligungsgesellschaft An der Börse kotierte **20**Aktiengesellschaft, deren Haupttätigkeit darin besteht, Beteiligungen an anderen Gesellschaften zu erwerben.

Kassageschäft, Comptant Geschäft, bei dem Lieferung und Zahlung der gehandelten **47**Wertpapiere sofort erfolgen. Gegensatz: **94**Termingeschäft.

Kassamarkt Börsenhandel in **20**Aktien, **37**Obligationen, Rohstoffen usw. Als Gegenbegriff zu den Bezeichnungen Derivatmarkt oder **67**Terminmarkt verwendet.

Kotierung Die Zulassung bzw. Kotierung von **56**Effekten an der **66**SWX wird durch die **69**Zulassungsstelle geprüft. Im Kotierungsreglement sind die Voraussetzungen, Publizitätspflichten und das Verfahren für die Kotierung geregelt.

Kurs   Börsen- oder Marktpreis von **47**Wertpapieren, **116**Devisen, Münzen oder Waren. Der Kurs ist je nach Angebot und Nachfrage ständig Schwankungen unterworfen.

Kurspflege   Die Verhinderung von grösseren Zufallsschwankungen in der Kursbildung, indem bei übermässigem Kursauftrieb **20**Aktien von interessierten Stellen verkauft bzw. bei übermässigem Kursdruck gekauft werden. Zur Kurspflege gehört ebenfalls das Stellen eines angemessenen **42**Spread.

Leerverkauf   Verkauf von **47**Wertpapieren (**64**Short-Position), die der Verkäufer nicht besitzt, sondern mit denen er sich später zu erwarteten niedrigeren Kursen eindeckt.

Limite   Vom Auftraggeber für den Kauf oder Verkauf von **47**Wertpapieren vorgeschriebener Kurs, der beim Kauf nicht überschritten, beim Verkauf nicht unterschritten werden darf.

Long-Position   Position, die aus dem Kauf eines **47**Wertpapiers resultiert und nicht durch den Verkauf eines gleichen Wertpapiers **58**glattgestellt wird (Position à la **59**hausse).

Market maker   Börsenmitglied, das in bestimmten Titeln eigene Bestände hält, für diese **47**Wertpapiere regelmässig **58**Geld- und **55**Briefkurse stellt und somit das Marktgeschehen wesentlich beeinflusst.

Matcher   Zentraler Computer, der an der **66**SWX die Kurse nach definierten Regeln festsetzt, basierend auf der Zusammenführung von Kauf- und Verkaufsaufträgen aus dem **52**Auftragsbuch.

Meldepflicht, Reporting

Es besteht eine Meldepflicht für alle Abschlüsse in 56 Effekten, die an der 66 SWX gehandelt werden. Für über das Börsensystem getätigte Abschlüsse erfolgt das Reporting automatisch. Andere 52 ausserbörslich getätigten Geschäfte der Börsenmitglieder müssen der Börse innerhalb von 30 Minuten gemeldet werden.

Nasdaq

An der National association of securities dealers automated quotation system (Nasdaq) werden vor allem die Aktien von Technologie-Unternehmen gehandelt, die nicht an der 62 Nyse kotiert sind.

Nebenwerte, Small caps

20 Aktien von Unternehmen mit einer 145 Börsenkapitalisierung von in der Regel weniger als 500 Mio. Fr. Mittelgross kapitalisierte Unternehmen werden als Mid caps bezeichnet. Gegensatz: 59 Hauptwerte.

Neuer Markt, New Market

Börsensegment, das die Aktien von als besonders wachstumsträchtigen Unternehmen vorab aus dem Technologiesektor umfasst. Die Neuen Märkte, die von vielen 53 Börsen unter verschiedenen Bezeichnungen aufgebaut worden sind, leiden unter dem Platzen der 44 TMT-Blase. Die 66 SWX hat ihren Swiss New Market deshalb Mitte 2002 de facto aufgegeben.

New York Stock Exchange Nyse

Die amerikanische 62 Effektenbörse New York Stock Exchange (Nyse) nimmt eine Vorreiterrolle unter den weltweiten Börsenplätzen ein.

Offenlegung von Beteiligungen

Wer 20 Aktien einer kotierten Gesellschaft erwirbt oder veräussert und dadurch den Grenzwert von 5, 10, 20, 33⅓, 50 oder 66⅔% der Stimmrechte erreicht, unter- oder überschreitet, muss dies nach 53 Börsengesetz der Gesellschaft und der 66 SWX melden.

Öffentliches Kaufangebot Bei Übernahmen von mehr als 33⅓% der Stimmen einer börsenkotierten Gesellschaft besteht gemäss Börsengesetz die Pflicht, allen Aktionären ein öffentliches Kaufangebot zu unterbreiten. Ausnahmen: Opting up und Opting out.

Opting out Ermöglicht der Gesellschaft, die im Börsengesetz festgehaltene Pflicht zum öffentlichen Kaufangebot (Grenzwert: 33⅓% der Stimmrechte) in den Statuten wegzubedingen.

Opting up Der im Börsengesetz festgelegte Grenzwert zur Unterbreitungspflicht eines öffentlichen Kaufangebots von 33⅓% der Stimmrechte kann in den Statuten auf 49% erhöht werden.

Paritätskurse Die Aktienkurse an der Nyse, umgerechnet zum aktuellen Devisenkurs in Schweizer Franken, bilden die Basiskurse (Paritäten) für die an der SWX gehandelten amerikanischen Aktien.

Preis-Zeit-Priorität An der SWX kommen immer zuerst alle Bestens-Aufträge zur Ausführung, danach die Limiten in aufsteigender Reihenfolge bei Verkaufsaufträgen und in absteigender Reihenfolge bei Kaufaufträgen. Sind mehrere Aufträge mit gleichem Kurs im Auftragsbuch, wird der älteste Auftrag zuerst ausgeführt.

Publikumsöffnung, Börsengang, Going public, IPO

Öffnung einer privaten Aktiengesellschaft, deren Aktienkapital bisher ausschliesslich im Eigentum eines beschränkten Personenkreises lag, zur Publikumsgesellschaft durch die Ausgabe und Kotierung von Aktien. Auch Initial public offering (IPO) genannt. Gegensatz: Going private bzw. Rückzug von der Börse.

Qualifizierte Beteiligung Umfasst gemäss [53]Börsengesetz direkt oder indirekt mindestens 10% des Kapitals oder der Stimmen, bzw. erlaubt auf andere Weise einen massgeblichen Einfluss auf die Geschäftstätigkeit.

Rally Markttendenz mit stark steigenden Kursen.

Referenzpreis Ist an der [60]SWX in der Regel der letztbezahlte Kurs eines [47]Wertpapiers. In besonderen Situationen (z. B. [20]Aktiensplits) kann er auch ein von der Börse berechneter Wert sein.

Rezession Rückläufiges Wachstum des [24]Bruttoinlandprodukts. Gegensatz: [52]Aufschwung.

Schlusseinheit Entspricht im Börsenhandel der kleinsten handelbaren Einheit von [20]Aktien (1 Titel) oder dem Mindestnennwert von [37]Obligationen. Kleinere Einheiten werden als [58]Fraktionen bezeichnet.

Schlusseinheiten von Warrants an der SWX Swiss Exchange	
Kurswert Warrants	**Schlusseinheit**
bis 249.75 Fr.	100 Stück
250 Fr. bis 2499 Fr.	10 Stück
2500 Fr. bis 4995 Fr.	5 Stück
ab 5000 Fr.	1 Stück

Schweizerische Effekten-Giro AG Sega 1970 gegründete externe Aufbewahrungsstelle der Banken für [47]Wertpapiere. 1999 erfolgte der Zusammenschluss mit [60]Intersettle zur [65]SIS SegaIntersettle.

SEC Die Securities and Exchange Commission (SEC) ist die staatliche Börsenaufsichtsbehörde in den USA.

Short-Position Position, die aus dem Verkauf eines [47]Wertpapiers resultiert und nicht durch den Kauf eines gleichen Titels [58]glattgestellt wird (Position à la [52]baisse).

SIS SegaIntersettle, SIS Group

Zusammenschluss von 64 Sega und 60 Intersettle. Bietet Dienstleistungen rund um die 50 Abwicklung und Verwahrung in- und ausländischer 47 Wertpapiere an. Die SIS Group betreibt zudem 65 SIS Systems.

SIS Systems, Secom Sega Communication System

On-line-Abwicklungssystem, das die gemeinsame technische Plattform für 64 Sega und 60 Intersettle bildet (65 SIS). Es ist mit dem Banken-Clearing-System 136 SIC verbunden und ermöglicht so die vollautomatische Abwicklung und Abrechnung der Börsenaufträge.

Soffex

Die Swiss Options and Financial Futures Exchange (Soffex) wurde im Herbst 1998 in die 57 Eurex integriert.

Spekulation

Jede Tätigkeit, die darauf ausgerichtet ist, aus einer für die Zukunft erwarteten Marktveränderung Nutzen zu ziehen. Im engeren Sinne umfasst die Spekulation Geschäfte, bei denen unverhältnismässig hohe Gewinn- und Verlustrisiken eingegangen werden.

Squeeze out, Kraftloserklärung

Wer in einem Übernahmeangebot 98% der Aktien erreicht, kann gemäss 53 Börsengesetz die restlichen unwilligen Aktionäre ausschliessen, indem ihre 47 Wertpapiere für kraftlos erklärt werden.

Stempelabgaben, Stempel

Historischer Oberbegriff für die eidgenössische 57 Emissions- und 67 Umsatzabgabe.

Stop-Auftrag

An der 66 SWX wird der Stop-Auftrag zu einem normalen Auftrag, sobald der gegebene Kurs erreicht wird. Er kann mit einer 61 Limite kombiniert werden.

Swiss market feed

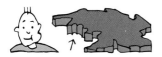

Über dieses Informationssystem liefert die SWX laufend alle Kurse mit Handelsvolumen und Zeit, die jeweils besten Geld- und Briefkurse mit kumulierter Menge sowie die kumulierten Tagesvolumen.

Swiss Market Index SMI

Wird nach dem Free float der bedeutendsten – an der Virt-x gehandelten – Schweizer Unternehmen berechnet. Der Index ist nicht dividendenkorrigiert.

SMI-Titel (Stand September 2002)			
ABB N	Holcim I	Richemont I	Swiss Re N
Adecco N	Julius Bär I	Roche GS	Swisscom N
Bâloise N	Kudelski I	Serono I	Syngenta N
Ciba SC N	Lonza N	SGS I	UBS N
Clariant N	Nestlé N	Sulzer N	Unaxis N
CS Group N	Novartis N	Swatch G. I	Zurich Financial N
Givaudan N	Rentenanstalt N	Swatch G. N	

Swiss Performance Index SPI

Deckt praktisch sämtliche an der SWX kotierten Unternehmen ab. Da der Index dividendenkorrigiert ist und sich nach dem Free float berechnet, eignet er sich als echter Performance-Massstab.

SWX Swiss Exchange, Schweizer Börse

1995 aus dem Zusammenschluss der Börsen Genf, Basel und Zürich entstandener Schweizer Markt (Börsenorgane). Seit August 1996 werden sämtliche Wertpapiere elektronisch gehandelt. Das System zeichnet sich aus durch eine Vollintegration der Börsenprozesse, vom Börsenauftrag bis zur Abwicklung. Die SMI-Werte werden an der Virt-x gehandelt.

Technische Analyse

Wertschriftenanalyse, die auf Chart-Mustern, Börsenumsätzen usw basiert. Im Gegensatz zur Fundamentalanalyse werden die betriebswirtschaftlichen Daten eines Unternehmens nicht berücksichtigt.

Terminbörse Marktplätze, auf denen **79**Futures und **86**Optionen ge-handelt werden. Zu den bekanntesten zählen: Chicago Board of Trade (CBOT), London International Financial Futures and Options Exchange (Liffe), Chicago Mercantile Exchange (CME), Chicago Board of Options (CBOE), **57**Eurex, New York Coffee, Sugar and Cocoa Exchange (CSCE).

Transaktionskosten Mit der Durchführung einer Börsentransaktion verbundene Kosten, wie **56**Courtagen, Clearing-Gebühren.

Turnaround Gelegenheit zum Einsteigen in bestimmte **47**Wertpapiere, da sich innerhalb einer Branche oder eines Unternehmens eine grundlegende Verbesserung abzeichnet.

Übernahmekommission Prüft die Einhaltung der **53**börsengesetzlichen Bestimmungen bezüglich **63**öffentlicher Kaufangebote.

Überwachungsstelle Organ der **66**SWX, das die Einhaltung der börsenrechtlichen Vorschriften sicherstellt. Es überwacht insbesondere den Handel.

Umsatzabgabe Wird vom Bund je zur Hälfte vom **57**Effektenhändler und vom **51**Anleger erhoben. Sie gehört zu den **65**Stempelabgaben und beträgt für inländische **47**Wertpapiere 0,15% und für ausländische Wertpapiere 0,3% des Kurswerts, wobei gewisse Verzugsparteien davon (teilweise) befreit sind. Ausgenommen von der Umsatzabgabe ist der Handel mit **30**Geldmarktpapieren.

Usanz Langjährige Geschäftsgepflogenheit, z. B. Börsenusanz.

Valorennummer Kennnummer von **47**Wertpapieren, die deren Handel und Transfer (**69**Wertschriften-Clearing) erleichtert.

Valutatag	Datum, an dem ein Kunde für einen 47 Wertpapierkauf zahlen muss, bzw. für einen Verkauf den Erlös erhält.

Verhaltensregeln, Codes of conduct — Sie verfolgen den Ansatz der Selbstregulierung. Zu den wichtigsten Verhaltensregeln auf dem Finanzplatz Schweiz zählen jene für 57 Effektenhändler sowie jene der 134 Schweizerischen Bankiervereinigung.

Verhaltensregeln für Effektenhändler — Die von der 134 Schweizerischen Bankiervereinigung konkretisierten Regeln beinhalten Informations-, Sorgfalts- und Treuepflichten.

Verrechnungssteuer — Eidgenössische Steuer von 35% auf Kapitalerträgen und Lotteriegewinnen. Sie wird an der Quelle (z. B. vom Unternehmen, das eine Dividendenausschüttung vornimmt) erhoben. Werden die Erträge deklariert, wird die Steuer zurückerstattet.

Virt-x — Elektronische Börse in London für den Handel der Aktien von 620 führenden europäischen Unternehmen. Der überwiegende Teil der an der Virt-x gehandelten Volumen entfällt auf die 66 SMI-Werte. Im Handel der ausserschweizerischen Titel konnte sich die Virt-x, an der die 66 SWX beteiligt ist, noch nicht durchsetzen.

Voreröffnung — Während dieser Zeitperiode (6.00 Uhr bis 9.00 Uhr und 17.30 Uhr bis 22.00 Uhr) können an der 66 SWX Aufträge eingegeben oder gelöscht werden. Es finden jedoch keine Abschlüsse statt. Zur Orientierung der Händler wird laufend ein theoretischer Eröffnungspreis angezeigt.

Wallstreet, Wall Street — Im übertragenen Sinne Bezeichnung für die an dieser Strasse gelegene 62 New York Stock Exchange, aber auch allgemein für New York als 123 Finanzplatz.

Wertschriftenanalyse Systematische Wertpapierbeurteilung als Grundlage für die `100`Anlagepolitik. Sie gliedert sich in die `58`Fundamentalanalyse (`142`Aktienbewertung) und die `66`technische Analyse.

Wertschriften-Clearing Gegenseitige titel- und geldmässige Verrechnung der an der `53`Börse getätigten `47`Wertpapiertransaktionen über eine gemeinsame Abrechnungsstelle.

Zulassungsstelle Entscheidet über die `60`Kotierung von `56`Effekten an der `66`SWX und legt die Informationspflichten der kotierten Gesellschaften fest.

Zweite Handelslinie Zur Abwicklung eines Aktienrückkaufs kann der Börse die Eröffnung einer zweiten Handelslinie beantragt werden. Darauf kann nur die Gesellschaft selbst als Käuferin auftreten.

Aktien-Warrant	72	
Amerikanische Option	72	
Asiatische Option	72	
Asset swap	72	
At the money	72	
Ausübung	72	
Ausübungspreis	72	
Barausgleich	72	
Barrier-Option	73	
Basiswert	73	
Basket	73	
Bear price spread long	73	
Bear price spread short	73	
Bear time spread	74	
Bezugsverhältnis	74	
Binomialmodell	74	
Black-Scholes-Modell	74	
Bull price spread long	74	
Bull price spread short	74	
Bull time spread	75	
Butterfly spread	75	
Call	75	
Call-Put-Parität	75	
Cap	76	
Cash extraction	76	
Condor	76	
Conf-Futures	76	
Conversion	76	
Credit default swap	77	
Credit-linked notes	77	
Delta	77	
Derivathäuser	77	
Derivative Instrumente	77	
Devisenoption	77	
Diagonal bear price spread	78	
Diagonal bull price spread	78	
Digitale Option	78	
Discount-Produkt	78	
Dynamische Absicherung	78	
Einschussmarge	78	
Europäische Option	78	
Exotische Option	79	
Financial Futures	79	
Floor	79	
Forward	79	
Forward rate agreement	79	
Futures	79	
Futures auf Staatsanleihen	80	
Gamma	80	
Gedeckter Warrant	80	
Gewinnschwelle	80	
Greek letters	81	
Hebelfaktor	81	
Hebelwirkung	81	
Hedge ratio	81	
Historische Volatilität	81	
Implizite Volatilität	82	
In the money	82	
Index-Futures	82	
Indexoption	82	
Indexzertifikat	82	
Innerer Wert eines Call	82	
Innerer Wert eines Put	83	
Kapitalgeschützte Produkte	84	
Knock-in-Option	84	
Knock-out-Option	84	
Kontraktwert	84	
Korrelationsprodukt	84	
Kreditderivat	84	
Liefertag	84	
Long call	85	
Long put	85	
Long straddle	85	
Long strangle	85	
Maintenance margin	86	
Margenanalyse	86	
Nachschuss	86	
Open-end-Zertifikat	86	
Option	86	
Optionsklasse	87	
Optionsserie	87	
Optionstyp	87	
Optionswert	87	
OTC-Derivat	87	
OTC-Option	88	
Out of the money	88	
Physische Lieferung	88	
Prämie	88	
Put	89	
Quanto-Option	89	
Range-Warrant	89	
Ratio call spread	90	
Relativer Optionspreis	90	
Restlaufzeit	90	
Reversal	90	
Reverse convertible	90	
Rho	91	
Risiken derivativer Instrumente	91	
Risikofreier Zinssatz	91	
Schreiber	91	
Short call	91	
Short put	91	
Short straddle	92	
Short strangle	92	
Single stock futures	92	
Spot price	92	
Statische Absicherung	92	
Stillhalter	92	
Stillhalteroption	92	
Strukturierte Produkte	92	
Swap	94	
Swaption	94	
Termingeschäft	94	
Theta	95	
Total return swap	95	
Turbo-Produkt	95	
Ungedeckter Warrant	95	
Variation margin	95	
Vega	95	
Verfallsdatum	96	
Volatilität des Basiswerts	96	
Volatilitätsanalyse	96	
Volatilitätsindex	96	
Währungs-Swap	97	
Warrant	97	
Wetterderivate	97	
Zeitwert	97	
Zinsoption	97	
Zinssatz-Swap	97	

Aktien-Warrant	1. Warrant, der auf den ■73Basiswert ■20Aktie begeben wird.
	2. Warrant, den eine ■20Aktiengesellschaft im Rahmen einer ■37Optionsanleihe (■37Optionsschein) begibt.

Amerikanische Option
Jederzeit während der ■34Laufzeit zum entsprechenden Kurs ausübbare ■86Option (vgl. ■72asiatische und ■78europäische Option).

Asiatische Option, Durchschnittsoption
Der ■72Ausübungspreis wird nicht mit dem Kurs am Verfallstag (■78europäische Option) bzw. am Ausübungstag (■72amerikanische Option) verglichen, sondern am im Voraus definierten mehrtägigen Durchschnittspreis.

Asset swap
Vertragsmässiges Abkommen zweier Parteien, Zahlungsflüsse über einen bestimmten Zeitraum auszutauschen (■94Swap). Mindestens ein Zahlungsfluss basiert auf dem Ertrag aus ■20Aktien, eines ■73Basket oder Index.

At the money
Eine ■86Option liegt dann «am Geld», wenn der ■72Ausübungspreis dem Kurs des ■73Basiswerts entspricht.

Ausübung
Geltendmachung des Rechts zum Bezug des im Optionsvertrags fixierten ■73Basiswerts zum ■72Ausübungspreis (■88physische Lieferung) oder zum entsprechenden ■72Barausgleich. Erfolgt während (■72amerikanische Option) oder am Ende (■78europäische Option) der Laufzeit.

Ausübungspreis, Basispreis, Bezugspreis, Strike
Preis, zu dem der Käufer einer ■86Option das Recht erwirbt, die zugrunde liegenden ■73Basiswerte zu kaufen (■75Call) oder zu verkaufen (■89Put).

Barausgleich, Cash settlement
Auszahlung der Differenz zwischen dem ■72Ausübungspreis und dem Marktpreis des ■73Basiswerts bei der ■72Ausübung. Alternative zur ■88physischen Lieferung.

Barrier-Option   Weist gegenüber normalen **73**Calls und **89**Puts Einschränkungen auf, die zu günstigeren **88**Prämien führen. Wenn der **73**Basiswert während der **34**Laufzeit ein bestimmtes Kursniveau erreicht, über- oder unterschreitet, entsteht oder verfällt das Optionsrecht. Formen: **84**Knock-in und **84**Knock-out.

Basiswert   Wert (**47**Wertpapier, Währung, Index, **73**Basket, Rohstoff usw.), der einer **86**Option oder einem **79**Futures zugrunde liegt.

Basket   «Korb» von Anlagewerten, meist aus **20**Aktien einer gemeinsamen Branche (Sektor) oder Region bestehend, der oft als **73**Basiswert verwendet wird.

Bear price spread long   Kauf eines **89**Put mit hohem und Verkauf eines Put mit tiefem **72**Ausübungspreis. Dadurch wird auf einen leicht sinkenden Kurs des **73**Basiswerts gesetzt. Das Gewinnpotenzial ist begrenzt auf die Differenz zwischen den Ausübungspreisen abzüglich der bezahlten **88**Prämiendifferenz. Das Verlustpotenzial beschränkt sich auf die bezahlte Prämiendifferenz.

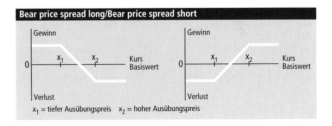

Bear price spread long/Bear price spread short

x_1 = tiefer Ausübungspreis x_2 = hoher Ausübungspreis

Bear price spread short   Kauf eines **89**Put mit tiefem und Verkauf eines Put mit hohem **72**Ausübungspreis. Dadurch wird auf einen leicht steigenden Kurs des **73**Basiswerts gesetzt. Das Gewinnpotenzial ist auf die erhaltene **88**Prämiendifferenz begrenzt. Das Verlustpotenzial beschränkt sich auf die Differenz zwischen den Ausübungspreisen abzüglich der erhaltenen Prämiendifferenz.

Bear time spread

Kombination zweier ▉75Calls oder ▉89Puts mit unterschiedlichen ▉96Verfallszeitpunkten. Der Kursrückgang des ▉73Basiswerts führt zu einem Gewinn.

Bezugsverhältnis, Ratio

Menge des ▉73Basiswerts, die einer ▉86Option bzw. einem ▉97Warrant zugrunde liegt.

Binomialmodell

Optionspreismodell, das den Preis mit Hilfe der Binomialverteilung errechnet. Es besteht aus einem Netz, das für jede Kursveränderung des ▉73Basiswerts um eine Einheit eine Wahrscheinlichkeit ermittelt.

Black-Scholes-Modell

Optionspreismodell zur Ermittlung des Preises einer ▉78europäischen Option auf ▉20Aktien. Das 1973 von den Professoren Fischer Black und Myron S. Scholes entwickelte Modell wurde für andere Arten von ▉86Optionen modifiziert.

Bull price spread long

Kauf eines ▉75Call mit tiefem und Verkauf eines Call mit hohem ▉72Ausübungspreis. Dadurch wird auf einen leicht steigenden Kurs des ▉73Basiswerts gesetzt. Das Gewinnpotenzial ist begrenzt auf die Differenz zwischen den Ausübungspreisen abzüglich der bezahlten ▉88Prämiendifferenz. Das Verlustpotenzial beschränkt sich auf die bezahlte Prämiendifferenz.

Bull price spread short

Verkauf eines ▉75Call mit tiefem und Kauf eines Call mit hohem ▉72Ausübungspreis. Dadurch wird auf einen leicht sinkenden Kurs des ▉73Basiswerts gesetzt. Das Gewinnpotenzial ist auf die erhaltene ▉88Prämiendifferenz begrenzt. Das Verlustpotenzial beschränkt sich auf die Differenz zwischen den Ausübungspreisen abzüglich der erhaltenen Prämiendifferenz.

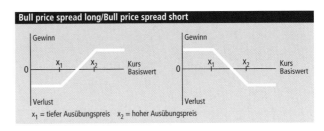

Bull price spread long/Bull price spread short

Gewinn

0   x_1 x_2 Kurs Basiswert

Verlust

Gewinn

0   x_1 x_2 Kurs Basiswert

Verlust

x_1 = tiefer Ausübungspreis x_2 = hoher Ausübungspreis

Bull time spread   Kombination zweier ■*75*Calls oder ■*89*Puts mit unterschiedlichen ■*96*Verfallszeitpunkten. Der Kursanstieg des ■*73*Basiswerts führt zu einem Gewinn.

Butterfly spread   Optionsstrategie, die aus vier ■*75*Calls oder ■*89*Puts mit drei verschiedenen ■*72*Ausübungspreisen und gleichem ■*96*Verfallsdatum besteht. Je eine ■*86*Option wird mit einem hohen und einem tiefen Ausübungspreis gekauft, und zwei werden mit mittleren Ausübungspreisen verkauft.

Call   ■*86*Option, die den Käufer berechtigt, aber nicht verpflichtet, einen bestimmten ■*73*Basiswert in einer bestimmten Menge zu einem im Voraus festgelegten ■*72*Ausübungspreis bis (■*72*amerikanisch) oder zu (■*78*europäisch) einem bestimmten Termin zu erwerben (■*85*Long call). Auf der Gegenseite steht der Verkäufer der Option (■*91*Short call).

Call-Put-Parität   Gleichgewichtsbeziehung zwischen den Preisen eines ■*75*Call und eines ■*89*Put einer ansonsten identischen ■*86*Option. Call + abdiskontierter ■*72*Ausübungspreis = Put + ■*73*Basiswert.

Cap Obergrenze des 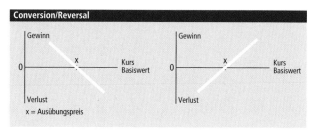Basiswerts oder eines Zinssatzes. Das Erreichen entscheidet oft darüber, ob der Basiswert geliefert oder ein Barbetrag bezahlt wird.

Cash extraction Kombination eines Aktienverkaufs mit dem Kauf eines Call und gleichzeitiger Anlage des Restbetrags am Geldmarkt. Dadurch gewinnt der Anleger Barmittel.

Condor Kombination von vier Calls oder Puts mit vier verschiedenen Ausübungspreisen und gleichen Verfallsterminen. Je eine Option mit höchstem und tiefstem Ausübungspreis wird gekauft, und zwei Optionen mit dazwischenliegenden Ausübungspreisen werden verkauft.

Conf-Futures Standardisierter, an der Eurex gehandelter Terminkontrakt auf eine fiktive, langfristige Anleihe der Eidgenossenschaft (Nominalwert 100 000 Fr.) mit einem Coupon von 6%. Lieferbar sind Bundesobligationen mit 8 bis 13 Jahren Restlaufzeit.

Conversion Synthetischer Terminkauf des Basiswerts mittels Optionen. Durch den Kauf eines Put und den Verkauf eines Call mit gleichem Ausübungspreis wird auf einen sinkenden Marktpreis gesetzt. Das Gewinnpotenzial ist begrenzt auf den Ausübungspreis, korrigiert um die Prämiendifferenz. Das Verlustpotenzial ist unbeschränkt. Gegensatz: Reversal.

Conversion/Reversal

Gewinn · 0 · x · Kurs Basiswert · Verlust · x = Ausübungspreis · Gewinn · 0 · x · Kurs Basiswert · Verlust

Credit default swap ▪84Kreditderivat, mit dem sich der Sicherungsgeber (Protection seller) über die ▪34Laufzeit des Kontrakts dazu verpflichtet, im Falle eines Kreditereignisses im Referenzwert dem Sicherungsnehmer (Protection buyer) eine Ausgleichszahlung zu leisten. Der Sicherungsgeber erhält für sein Zahlungsversprechen vom Protection buyer eine Prämie.

Credit-linked notes CLN Als ▪21Anleihe verbriefter ▪77Credit default swap. Tritt während der Laufzeit beim Referenzschuldner ein Kreditereignis ein, wird die CLN sofort fällig. Der Rückzahlungspreis entspricht dabei dem Kurs, zu dem Verbindlichkeiten des Referenzschuldners gehandelt werden.

Delta Bekanntester Risikoparameter einer ▪86Option. Das Delta misst die Abhängigkeit des ▪87Optionswerts von der Veränderung des ▪73Basiswerts. Für ▪75Calls liegt das Delta zwischen 0 und 1, für ▪89Puts zwischen 0 und –1. Optionen mit hohem Delta folgen den Preisbewegungen des Basiswerts stärker als Optionen mit kleinem Delta. Je tiefer die Option ▪82«in the money» ist, um so höher ist das Delta. Gehört zu den ▪81Greek letters.

Derivathäuser ▪57Effektenhändler, die gewerbsmässig selbst ▪77Derivate emittieren, die sie für eigene oder fremde Rechnung auf dem ▪39Primärmarkt oder privat plazieren.

Derivative Instrumente, Derivate Finanzkontrakte, deren Wert vom Preis eines Basiswerts abgeleitet wird. Grundsätzlich lassen sich zwei Gruppen von Derivaten unterscheiden: feste und bedingte ▪94Termingeschäfte (▪86Optionen).

Devisenoption, Wechselkurs-Warrant ▪77Derivat, dessen ▪73Basiswert eine Wechselkursbeziehung darstellt.

Diagonal bear **price spread**	Ein aus 86 Optionen verschiedener 34 Laufzeiten kon- struierter 73 Bear price spread, der mit sinkendem 73 Ba- siswert zu einem Kursgewinn führt.
Diagonal bull **price spread**	Ein aus 86 Optionen verschiedener 34 Laufzeiten kon- struierter 74 Bull price spread, der mit steigendem 73 Ba- siswert zu einem Kursgewinn führt.
Digitale Option, **Binäre Option**	Bei Verfall erhält der Investor entweder einen vorher fest- gelegten Betrag, oder die Option verfällt wertlos.
Discount-Produkt	92 Strukturiertes Produkt mit Maximalrendite. Schliesst der Kurs des 73 Basiswerts unter einer Obergrenze (76 Cap), erhält der Anleger den Titel geliefert. Andernfalls erfolgt eine Rückzahlung. Weil das Gewinnpotenzial limitiert ist, werden die Produkte mit einem 20 Abschlag (Dis- count, Diskont) auf den aktuellen Aktienkurs emittiert.
Dynamische Absicherung	Durch den Verkauf eines Warrant (Option) und den gleichzeitigen Kauf des zugrunde liegenden Basiswerts und/oder anderer Optionen kann das 77 Derivathaus eine risikoneutrale (Delta-neutrale) Position bilden (77 Delta- hedge). Treten Kursschwankungen auf, entsteht An- passungsbedarf, da sich die zur Absicherung benötigte Anzahl Titel ebenfalls ändert (81 Hedge ratio). Gegen- satz: 92 statische Absicherung.
Einschussmarge, **Initial margin**	Betrag, der mit dem Abschluss eines 79 Futures-Kontrakts an die entsprechende 67 Terminbörse zu leisten ist. Der Einschuss entspricht einem Bruchteil des 84 Kontrakt- werts und hängt von der erwarteten 161 Volatilität ab.
Europäische Option	Nur am Ende der 34 Laufzeit zum Kurs am Verfallstag ausübbare 86 Option (vgl. 72 amerikanische und 72 asia- tische Option).

Exotische Option Wird im Vergleich zu Standard-**75**Calls und -**89**Puts (Plain-vanilla-Optionen) mit zusätzlichen Eigenschaften ausgestattet. Beispiel: **73**Barrier-Option.

Financial Futures Standardisierter, börsengehandelter **94**Terminkontrakt. Der Anleger verpflichtet sich, bestimmte Finanzinstrumente (**73**Basiswerte) zu einem bestimmten **84**Liefertag und zu einem bestimmten Preis zu kaufen bzw. zu verkaufen. Zins-, Devisen-, **82**Index- und **92**Single-stock-Futures werden an **67**Terminbörsen gehandelt (vgl. **79**Futures).

Floor Untergrenze für den Kurs des **73**Basiswerts oder eines Zinssatzes. Gilt oft als Kapitalschutz für **92**strukturierte Produkte.

Forward Ausserbörsliches, individuell vereinbartes festes **94**Termingeschäft.

Forward rate agreement
FRA Dient zur Absicherung des Risikos schwankender Zinsen. Die beiden Vertragsparteien treffen eine Vereinbarung über einen künftigen kurzfristigen Zinssatz (z. B. **35**Libor) auf einen bestimmten Betrag und für eine bestimmte **34**Laufzeit. Bei Fälligkeit zahlt die eine Partei der anderen die Differenz zwischen Kontraktzins und aktuellem Marktzins.

Futures Standardisiertes Termingeschäft, mit dem sich die eine Partei verpflichtet, den Basiswert (Rohstoff, Aktie, Aktienindex, Devisen, Zinsen) zu einem bestimmten Preis zu einem bestimmten Zeitpunkt zu kaufen (**61**Long-Position). Die Gegenpartei verpflichtet sich zur Lieferung (**64**Short-Position) oder, wenn vorgesehen, zum **72**Barausgleich. Die **67**Terminbörse bringt beide Parteien zusammen und stellt die Einhaltung der Vertragsbedingungen, u. a. die Erfüllung, sicher. Dafür verlangt sie eine Sicherheitsleistung ([73] Einschussmarge). Das Margenkonto wird täglich ausgeglichen ([84] Maintenance margin).

Futures auf Staatsanleihen Standardisierte, börsengehandelte Terminkontrakte auf [42] Staatsanleihen.

Futures auf Staatsanleihen		
Bezeichnung	**Staatsanleihen**	**Terminbörse**
Conf-Futures	Schweiz	Eurex
Bund-Futures	Deutschland	Eurex
Gilt-Futures	Grossbritannien	Liffe
Treasury-bond-Futures (30j.)	USA	CBOT
Treasury-note-Futures	USA	CBOT
JGB-Futures	Japan	TSE

Gamma Zeigt die Abhängigkeit des [77] Deltas von der Veränderung des [73] Basiswerts. Gehört zu den [81] Greek letters.

Gedeckter Warrant, Covered warrant [97] Warrant auf im Umlauf befindliche Aktien, der von einem [77] Derivathaus begeben wird und bereits durch Aktien (Call) bzw. Geld (Put) abgesichert ist ([92] statische Absicherung). Synonym: [92] Stillhalteroption.

Gewinnschwelle, Break-even Preis, bei dem für den Anleger weder ein Gewinn noch ein Verlust entsteht. Im Fall eines [75] Call wird zum [72] Ausübungspreis der [87] Optionspreis addiert, bei einem [89] Put wird der Optionspreis vom Ausübungspreis abgezogen.

Gewinnschwelle	
Eckdaten	
Ausübungspreis:	1250 Fr.
Preis Call:	12.10 Fr.
Preis Put:	10.85 Fr.
Bezugsverhältnis:	10 : 1
Gewinnschwelle Call =	Ausübungspreis + Optionspreis x Anzahl Optionen 1250 Fr. + 121 Fr. = 1371 Fr.
Gewinnschwelle Put =	Ausübungspreis − Optionspreis x Anzahl Optionen 1250 Fr. − 108.50 Fr. = 1141.50 Fr.

Greek letters | Die mit griechischen Buchstaben bezeichneten Einfluss-faktoren für den Preis einer [86]Option. Beispiele: [77]Delta, [80]Gamma, [91]Rho, [95]Theta, [95]Vega.

Hebelfaktor | Gibt an, um wieviel stärker eine Anlage in [86]Optionen, bezogen auf das eingesetzte Kapital, im Vergleich zu einer Anlage in [20]Aktien an Wert gewinnt. Je höher der Hebelfaktor (der auch Gearing genannt wird) ist, desto reagibler ist eine Option.

Hebelfaktor, Gearing	
Eckdaten	
Kurs Basiswert:	1450 Fr.
Preis Call:	12.10 Fr.
Bezugsverhältnis:	10 : 1

$$\text{Hebelfaktor} = \frac{\text{Kurs Basiswert}}{\text{Optionspreis} \times \text{Anzahl Optionen}} = 12$$

Die in Calls angelegten 1450 Fr. sollten 12mal schneller an Wert gewinnen als die in den Basiswert investierten 1450 Fr.

Hebelwirkung, Leverage

Mit vergleichsweise geringem Kapitaleinsatz lassen sich mit [77]derivativen Instrumenten grössere [157]Renditen erzielen, als es durch eine Investition in die eigentliche Basiswerte möglich ist. Dieser Effekt wird als Hebelwirkung (Leverage) bezeichnet. Der Leverage für [86]Optionen berechnet sich aus dem [81]Hebelfaktor (Gearing), multipliziert mit dem [77]Delta.

Hedge ratio | Verhältnis von [86]Optionen oder [79]Futures zur Anzahl abzusichernder [73]Basiswerte, bei welchem ein Portefeuille vollständig abgesichert ist. Der Umkehrwert des [77]Deltas.

Historische Volatilität | Kursschwankungen eines [73]Basiswerts während eines bestimmten Zeitraums in der Vergangenheit, gemessen als [159]Standardabweichung in Prozent pro Jahr.

Implizite Volatilität Erwartete annualisierte Standardabweichung der Rendite des Basiswerts über die Laufzeit der Option. Je stärker die erwarteten Kursschwankungen des Basiswerts bis zum Verfall einer Option sind, desto grösser ist die Wahrscheinlichkeit, dass die Option in the money verfällt, und desto höher ist der Options-preis. Meist liegt die implizite Volatilität einige Prozentpunkte über der historischen Volatilität.

Implizite Volatilität	
Eckdaten	
SMI-Warrant mit impliziter Volatilität von	15%
Annahme: Normalverteilung der jährlichen Rendite	
Mit einer Wahrscheinlichkeit von 68% bewegen sich die jährlichen Schwankungen innerhalb von ± 15% des aktuellen Indexstandes.	

In the money Wenn der Kurs des Basiswerts den Ausübungspreis eines Call überschreitet, besitzt die Option einen inneren Wert und ist «im Geld». Für einen Put gilt das Gegenteil.

Index-Futures Futures, der sich auf die Entwicklung eines Index (z. B. Aktienindex) in einem bestimmten Zeitraum bezieht.

Indexoption Option, die sich auf einen Index (z. B. Aktienindex) bezieht.

Indexzertifikat Strukturiertes Produkt, dessen Kurs den Verlauf eines Index 1:1 nachbildet.

Innerer Wert eines Call Entspricht dem Betrag, um den der Kurs des Basiswerts den Ausübungspreis übersteigt (in the money). Liegt der Kurs tiefer als der Ausübungspreis, ist der innere Wert gleich Null, und der Optionspreis entspricht dann genau dem Zeitwert (vgl. Tabelle Seite 83).

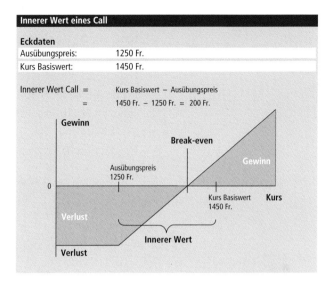

Innerer Wert eines Call

Eckdaten	
Ausübungspreis:	1250 Fr.
Kurs Basiswert:	1450 Fr.

Innerer Wert Call = Kurs Basiswert − Ausübungspreis
= 1450 Fr. − 1250 Fr. = 200 Fr.

Innerer Wert eines Put Entspricht dem Betrag, um den der Kurs des ▓73 Basiswerts den ▓72 Ausübungspreis unterschreitet (▓82 in the money). Liegt der Kurs höher als der Ausübungspreis, ist der innere Wert gleich Null, und der ▓87 Optionspreis entspricht dann genau dem ▓97 Zeitwert.

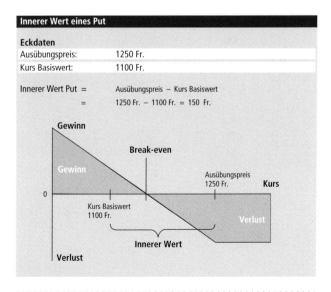

Innerer Wert eines Put

Eckdaten	
Ausübungspreis:	1250 Fr.
Kurs Basiswert:	1100 Fr.

Innerer Wert Put = Ausübungspreis − Kurs Basiswert
= 1250 Fr. − 1100 Fr. = 150 Fr.

Kapitalgeschützte Produkte [92]Strukturierte Produkte, deren Rückzahlung dem Investor bis zu einem bestimmten Prozentsatz ([79]Floor) garantiert wird. Zusätzlich partizipiert der Anleger an der Entwicklung eines bestimmten [73]Basiswerts. Die Produkte setzen sich in der Regel aus einem Kapital-/Geldmarktteil und einem Warrant-Teil zusammen. Werden oft als Units bezeichnet.

Knock-in-Option [73]Barrier-Option, die am Verfalltag nur dann einen Wert aufweist, wenn der [73]Basiswert irgendwann während der Laufzeit ein bestimmtes Kursniveau (Barriere) berührt oder überschritten hat.

Knock-out-Option [73]Barrier-Option, die am Verfalltag nur dann einen Wert aufweist, wenn ihr [73]Basiswert während der Laufzeit nie ein bestimmtes Kursniveau (Barriere) berührt oder überschritten hat.

Kontraktwert Höhe des [73]Basiswerts, mit dem ein [79]Futures-Kontrakt definiert wird (z. B. [76]Conf-Futures entspricht Bundesobligationen über nominal 100 000 Fr.).

Korrelationsprodukt [77]Derivat, das sich nicht auf einen, sondern auf mehrere, untereinander nicht unabhängige [73]Basiswerte bezieht ([154]Korrelation). Beim Verfall wird am besten oder schlechtesten Titel Mass genommen.

Kreditderivat [87]OTC-Derivat, mit dem der Sicherungsnehmer (Protection buyer) das Kreditrisiko ([123]Gegenparteirisiko) an den Sicherungsgeber (Protection seller) abtritt. Die wichtigsten Formen sind [77]Credit default swaps, [95]Total return swaps und [77]Credit-linked notes.

Liefertag Zeitpunkt, zu dem die Erfüllung eines [94]Termingeschäfts mit der Lieferung des [73]Basiswerts stattfindet.

Long call   Der Käufer eines **75** Call erwartet einen steigenden Kurs des **73** Basiswerts. Das Gewinnpotenzial ist unbegrenzt. Das Verlustpotenzial beschränkt sich auf die bezahlte **88** Prämie. Gegensatz: **91** Short call.

Long put   Der Käufer eines **89** Put erwartet einen sinkenden Kurs des **73** Basiswerts. Das Gewinnpotenzial ist begrenzt auf den **72** Ausübungspreis, abzüglich der bezahlten **88** Prämie. Das Verlustpotenzial beschränkt sich auf die bezahlte Prämie. Gegensatz: **91** Short put.

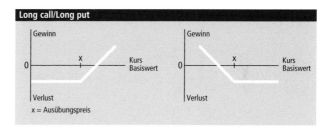

Long straddle   Optionsstrategie («Spreizen»), die aus dem Kauf eines **75** Call und eines **89** Put mit derselben **34** Laufzeit und demselben **72** Ausübungspreis besteht. Damit wird auf starke Schwankungen im **73** Basiswert gesetzt.

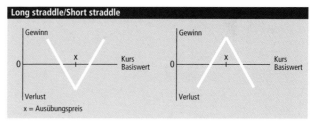

Long strangle   Optionsstrategie («Abschnüren»), die aus dem Kauf eines **75** Call mit höherem und eines **89** Put mit tieferem **72** Ausübungspreis besteht. Damit wird auf starke Schwankungen im **73** Basiswert gesetzt (vgl. Tabelle Seite 86).

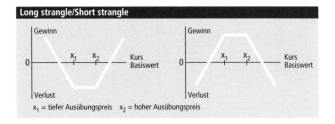

| Maintenance margin | Betragshöhe, die die 78 Einschussmarge während der 34 Laufzeit eines 79 Futures mindestens aufweisen muss. |

Maintenance margin Betragshöhe, die die **78**Einschussmarge während der **34**Laufzeit eines **79**Futures mindestens aufweisen muss.

Margenanalyse Die Analyse der Geld-Brief-Spanne (**42**Spread) ist neben der **82**impliziten Volatilität eine zweite wichtige Beurteilungskomponente für den Kauf eines Warrant. Die Transparenz der Preisgestaltung gewinnt besonders dann an Bedeutung, wenn die Aussagekraft der impliziten Volatilität fehlt.

Nachschuss, Margin call Summe zur Erhöhung der Deckung von **79**Futures, wenn deren Kurswert unter eine bestimmte Grenze (**86**Maintenance margin) gesunken ist.

Open-end-Zertifikat **82**Indexzertifikat mit ewiger **34**Laufzeit. In der Praxis behält sich der **27**Emittent aber das Recht zur vorzeitigen Rückzahlung (**75**Call) vor; oft kann auch der Anleger kündigen (**89**Put).

Option Der Käufer einer Option erwirbt das Recht – nicht aber die Pflicht –, innerhalb einer bestimmten Zeit (**34**Laufzeit) eine feste Menge eines bestimmten **73**Basiswerts zu einem im Voraus fixierten **72**Ausübungspreis zu kaufen (**75**Call) oder zu verkaufen (**89**Put). Für dieses Recht zahlt er dem Verkäufer der Option (**92**Stillhalter) eine **87**Optionsprämie. Optionen können individuell zwischen den Parteien (**88**OTC-Option), in einem **97**Warrant verbrieft oder an **67**Terminbörsen gehandelt werden.

Optionsklasse [86]Optionen mit gleichem [73]Basiswert.

Optionsserie [86]Optionen der gleichen [87]Optionsklasse mit gleichem [73]Basiswert und gleichem [96]Verfalldatum, aber mit unterschiedlichen [72]Ausübungspreisen.

Optionstyp [75]Call (Kaufrecht) oder [89]Put (Verkaufsrecht).

Optionswert, Optionsprämie, Optionspreis Setzt sich zusammen aus dem [82]inneren Wert und dem [97]Zeitwert. Der Preis einer [86]Option hängt vom [87]Optionstyp ([75]Call oder [89]Put), vom Kurs des [73]Basiswerts, vom [72]Ausübungspreis, von der [90]Restlaufzeit, der [26]Dividendenzahlung, der [82]impliziten Volatilität des Basiswerts und vom [91]risikofreien Zinssatz ab. Zur Berechnung existieren zahlreiche Modelle ([74]Black-Scholes-Modell, [74]Binomialmodell).

Optionswert

Optionswert = innerer Wert + Zeitwert

Preisbestimmende Faktoren	Kennzahl (Greek letters)	Wert Call	Wert Put
Preisanstieg des Basiswerts	Delta	↗	↘
Preisreduktion des Basiswerts		↘	↗
Höherer Ausübungspreis	–	↘	↗
Tieferer Ausübungspreis		↗	↘
Längere Restlaufzeit	Theta	↗	↗
Kürzere Restlaufzeit		↘	↘
Anstieg der impliziten Volatilität	Vega	↗	↗
Reduktion der impliziten Volatilität		↘	↘
Anstieg des risikolosen Zinssatzes	Rho	↗	↘
Reduktion des risikolosen Zinssatzes		↘	↗
Höhere Dividendenzahlung	Rho	↘	↗
Tiefere Dividendenzahlung		↗	↘

OTC-Derivat Ausserbörslich, over the counter (OTC) gehandeltes [77]Derivat, beispielsweise: [79]Forward, Devisentermingeschäft, [79]FRA, [94]Swap, [88]OTC-Option.

OTC-Option [86]Option, die individuell zwischen zwei Marktteilnehmern vereinbart und abgewickelt wird. Wegen ihrer nahezu unbeschränkten Ausgestaltungsmöglichkeiten eignen sich OTC-Optionen besonders für [60]institutionelle Anleger.

Out of the money Wenn der Kurs des [73]Basiswerts unter dem [72]Ausübungspreis eines [75]Call liegt, besitzt die [86]Option keinen [82]inneren Wert und liegt «aus dem Geld». Für einen [89]Put gilt das Gegenteil.

Physische Lieferung Lieferung des [73]Basiswerts bei der [72]Ausübung gegen Zahlung des [72]Ausübungspreises. Alternative: [72]Barausgleich.

Prämie 1. [87]Optionspreis, der vom Käufer einer Option an den [91]Schreiber bezahlt wird.

2. Gibt an, um wieviel Prozent der Kurs des [73]Basiswerts steigen muss, damit die [80]Gewinnschwelle erreicht wird. Die Prämie zeigt, um wieviel Prozent eine [20]Aktie (oder ein anderer Basiswert) durch Kauf und Ausübung einer [86]Option teurer wäre als durch den direkten Erwerb der Aktie.

3. [46]Wandelprämie.

Prämie eines Call		
Eckdaten		
Ausübungspreis:	1250 Fr.	
Kurs Basiswert:	1300 Fr.	
Preis Call:	12.10 Fr.	
Bezugsverhältnis:	10 : 1	

$$\text{Prämie eines Call} = \frac{\text{Ausübungspreis} + \text{Optionspreis} \times \text{Anz. Optionen} - \text{Basiswert}}{\text{Kurs Basiswert}} \times 100$$

$$= \frac{1250 \text{ Fr.} + 121 \text{ Fr.} - 1300 \text{ Fr.}}{1300 \text{ Fr.}} \times 100 = 5{,}5\%$$

Prämie eines Put

Eckdaten

Ausübungspreis:	1250 Fr.
Kurs Basiswert:	1400 Fr.
Preis Put:	10.85 Fr.
Bezugsverhältnis:	10 : 1

$$\text{Prämie eines Put} = \frac{\text{Ausübungspreis} + \text{Optionspreis} \times \text{Anz. Optionen} - \text{Basiswert}}{\text{Kurs Basiswert}} \times (-100)$$

$$= \frac{1250 \text{ Fr.} + 108.50 \text{ Fr.} - 1400 \text{ Fr.}}{1400 \text{ Fr.}} \times (-100) = 3\%$$

Put ▪86 Option, die den Käufer berechtigt, aber nicht verpflichtet, einen bestimmten ▪73 Basiswert in einer bestimmten Menge zu einem im Voraus festgelegten Preis (▪72 Ausübungspreis) bis (▪72 amerikanisch) oder zu (▪78 europäisch) einem bestimmten Termin zu verkaufen (▪85 Long put). Auf der Gegenseite steht der Verkäufer der Option (▪91 Short put).

Quanto-Option, Quantity adjusting option «Mengenanpassende» ▪86 Option, die sich auf einen in ausländischer Währung berechneten ▪73 Basiswert bezieht. Die Differenz zwischen dem Kurs des Basiswerts und dem ▪72 Ausübungspreis wird jedoch zu einem bereits festgelegten Wechselkurs umgerechnet und in der Heimatwährung (z. B. Franken) ausbezahlt. Die ▪38 Performance wird so in der Auslandwährung gemessen, aber prozentual in Franken umgelegt.

Range-Warrant Auch Korridor-, Hamster- oder Bandbreiten-Warrant genannt. Ermöglicht dem Anleger, auf das Verharren des ▪73 Basiswerts innerhalb einer bestimmten Bandbreite zu setzen. Je länger der Kurs darin verbleibt, desto höher wird der am Schluss ausbezahlte Betrag.

Ratio call spread Optionsstrategie, die aus dem Kauf bzw. Verkauf mehrerer ⁊⁵Calls besteht. Es wird ein am Geld liegender (⁊²at the money) und daher teurer Call gekauft und ein aus dem Geld liegender (⁸⁸out of the money) und daher günstiger Call verkauft. Um die Kosten zu senken, werden dabei z. B. doppelt so viele Optionen verkauft wie gekauft (Ratio von 2).

Relativer Optionspreis ⁸²Implizite Volatilitäten werden oft als relative Preise der Optionen bezeichnet, da sich damit Optionen auf denselben ⁷³Basiswert mit unterschiedlichen Konditionen vergleichen lassen. Je tiefer die implizite Volatilität ist, desto günstiger ist der relative Optionspreis.

Restlaufzeit Verbleibende ³⁴Laufzeit einer ⁸⁶Option (oder eines anderen befristeten ⁴⁷Wertpapiers) bis zum ⁹⁶Verfall. Je länger die Restlaufzeit einer Option ist, desto grösser sind die Chancen, dass sich der Kurs des ⁷³Basiswerts und damit der ⁸⁷Optionspreis zugunsten des Käufers entwickelt (⁹⁷Zeitwert).

Reversal Synthetischer Terminkauf des ⁷³Basiswerts mittels Optionen. Durch den Kauf eines ⁷⁵Call und den Verkauf eines ⁸⁹Put mit gleichem ⁷²Ausübungspreis wird ein steigender Marktpreis erwartet. Das Gewinnpotenzial ist unbegrenzt, das Verlustpotenzial beschränkt sich auf den Ausübungspreis, korrigiert um die ⁸⁸Prämiendifferenz. Gegensatz: ⁷⁰Conversion.

Reverse convertible ⁹²Strukturiertes Produkt mit ²⁵Coupon, das entfernt einer ⁴⁶Wandelanleihe ähnelt. Die ²⁰Aktie wird dem Investor dann geliefert, wenn sie am Verfalltag unter dem Ausübungspreis schliesst. Sonst erhält er eine Barzahlung. Anders als bei einer Wandelanleihe besteht kein Kapitalschutz.

Rho   Masseinheit für die Veränderung des 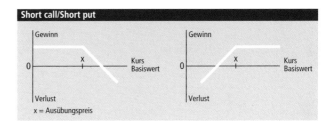

Masseinheit für die Veränderung des **87**Optionswerts bei einer Veränderung des **91**risikofreien Zinssatzes oder der **26**Dividendenzahlung. Gehört zu den **81**Greek letters.

Risiken derivativer Instrumente   Explizite Risiken (Marktrisiken), implizite strukturelle Risiken (**123**Gegenparteirisiko, Liquiditätsrisiko, Abwicklungsrisiko) und Einschätzungsrisiken (mangelnde Information).

Risikofreier Zinssatz   Zinssatz, der als Entgelt für kreditrisikofreies Kapital entrichtet werden muss. Meist wird als Annäherung die Verzinsung von erstklassigen Staatspapieren der entsprechenden **34**Laufzeit verwendet.

Schreiber   Verkäufer eines **75**Call oder eines **89**Put (**77**Derivathäuser).

Short call   Der Verkäufer eines **75**Call (**91**Schreiber) erwartet einen sinkenden Kurs des **73**Basiswerts. Das Gewinnpotenzial ist begrenzt auf die erhaltene **88**Prämie. Das Verlustpotenzial ist unbeschränkt. Gegensatz: **85**Long call.

Short put   Der Verkäufer eines **89**Put (**91**Schreiber) erwartet einen steigenden Kurs des **73**Basiswerts. Das Gewinnpotenzial ist begrenzt auf die erhaltene **88**Prämie. Das Verlustpotenzial beschränkt sich auf den **72**Ausübungspreis, abzüglich der erhaltenen Prämie. Gegensatz: **85**Long put.

Short call/Short put

x = Ausübungspreis

Short straddle   Optionsstrategie, die aus dem Verkauf eines **75**Call und eines **89**Put mit derselben **34**Laufzeit besteht. Damit wird auf einen stagnierenden Kurs des **73**Basiswerts gesetzt. Gegensatz: **85**Long straddle.

Short strangle   Optionsstrategie, die aus dem Verkauf eines **75**Call mit hohem und eines **89**Put mit tiefem **72**Ausübungspreis besteht. Damit wird auf nur kleine Schwankungen im **73**Basiswert gesetzt. Gegensatz: **85**Long strangle.

Single stock futures,   **79**Futures auf einen einzelnen Aktienwert. Aktien-Futures
Aktien-Futures, Equity futures   werden seit längerem an diversen lokalen **67**Terminbörsen gehandelt. Die **67**Terminbörse Liffe bietet seit Anfang 2001 eine breite Palette unter der Bezeichnung Universal Stock Futures an. In den USA werden Single stock futures voraussichtlich noch 2002 eingeführt.

Spot price   Aktueller **60**Kassakurs eines **73**Basiswerts.

Statische Absicherung   Absicherung einer Emission durch das **77**Derivathaus über das Halten der dem Emissionsvolumen entsprechenden Basiswerte von Laufzeitbeginn bis Verfall. Gegensatz: **78**dynamische Absicherung.

Stillhalter   Verkäufer von **86**Optionen, der die entsprechenden **73**Basiswerte besitzt (**92**statische Absicherung).

Stillhalteroption,   **86**Option, die von Dritten gegen eine Position im **73**Ba-
Gedeckte Option   siswert ausgegeben wird.

Strukturierte Produkte,   Finanzprodukte, die aus derivativen und nichtderivativen
Hybride Derivate   Komponenten zusammengesetzt werden und die der Realisierung einer spezifischen Investitionsstrategie dienen (vgl. Tabelle Seiten 93 und 94).

Strukturierte Produkte (Übersicht 1. Teil)

Units mit Kapitalschutz

| CPC (Goldman Sachs) |
| CPU (CSFB/ABN Amro) |
| Groi (UBS) |
| Protected units (Gottardo) |
| Protein (ZKB) |
| Safe units (Dresdner Bank) |
| Sarafloor (Sarasin) |
| Vont units (Vontobel) |

Produkte mit Maximalrendite

Reverse convertible (Coupon)

| Docu (UBS) |
| Goal (UBS) |
| ICE (Bank Bär) |
| Leman (BCV) |
| Revexus (CSFB) |
| Runner (ZKB) |
| SaraSail (Sarasin) |
| Vonti (Vontobel) |
| Yes (UBS) |
| Yield units (Gottardo) |
| Yips* (Société Générale) |
| * Kündigungsklausel |

Discount-Produkte (Abschlag)

| Bloc (UBS) |
| Boom (Bank Leu) |
| Casual (ZKB) |
| Clou (Dresdner Bank) |
| Coso (Merrill Lynch) |
| Diamant (BCV) |
| Disco (Merrill Lynch) |
| Eros (Morgan Stanley) |
| Star (Citibank) |
| Toro (CSFB) |
| Toy units (Bank Bär) |
| Voncore (Vontobel) |
| Yos (Goldman Sachs) |

Turbo-Produkte

| Booster (ZKB) |
| Double-up (ABN-Amro) |
| Impact (Goldman Sachs) |
| Leverage certificates (Gottardo) |
| Power (Bank Leu) |
| Torero (CSFB) |
| Vontt (Vontobel) |

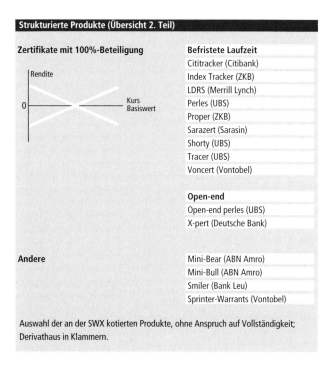

Strukturierte Produkte (Übersicht 2. Teil)	
Zertifikate mit 100%-Beteiligung	**Befristete Laufzeit**
	Cititracker (Citibank)
	Index Tracker (ZKB)
	LDRS (Merrill Lynch)
	Perles (UBS)
	Proper (ZKB)
	Sarazert (Sarasin)
	Shorty (UBS)
	Tracer (UBS)
	Voncert (Vontobel)
	Open-end
	Open-end perles (UBS)
	X-pert (Deutsche Bank)
Andere	Mini-Bear (ABN Amro)
	Mini-Bull (ABN Amro)
	Smiler (Bank Leu)
	Sprinter-Warrants (Vontobel)

Auswahl der an der SWX kotierten Produkte, ohne Anspruch auf Vollständigkeit; Derivathaus in Klammern.

Swap — Individuelle Vereinbarung zwischen Parteien, die den Austausch künftiger Zahlungsströme umfasst. Der Swap-Markt wird von professionellen Teilnehmern dominiert. Formen: **97** Zinssatz-Swap, **97** Währungs-Swap, **72** Asset swap.

Swaption — **86** Option, die das Recht zum Abschluss eines **94** Swap mit aufgeschobenem Startdatum zu bereits festgelegten Konditionen verkörpert.

Termingeschäft, Terminkontrakt — Kauf- oder Verkaufsvertrag, bei dem die gegenseitigen Leistungen nicht sofort, sondern zu einem späteren Zeitpunkt erfolgen, z. B. **79** Futures, **79** Forwards, **94** Swaps. Zu den Termingeschäften im weiteren Sinne gehören auch **86** Optionen.

Theta Masseinheit für die Veränderung des ▪87Optionspreises durch die Verkürzung der ▪90Restlaufzeit. Das Theta beschreibt den Abbau des ▪97Zeitwerts. Gehört zu den ▪81Greek letters.

Total return swap ▪84Kreditderivat, mit dem der Sicherungsnehmer (Protection buyer) sämtliche Zahlungsströme aus dem Referenzwert plus der Veränderung des Marktwerts an den Sicherungsgeber (Protection seller) transferiert. Dieser bezahlt dafür eine Prämie, die sich nach Referenzwert und ▪24Bonität des Sicherungsnehmers richtet.

Turbo-Produkt ▪92Strukturiertes Produkt aus der Familie der ▪78Discount-Produkte mit einer in einem bestimmten Kursbereich vor dem ▪76Cap höheren Partizipation (meist doppelt).

Ungedeckter Warrant, Naked warrant ▪97Warrant, der nicht primär zum Bezug des ▪73Basiswerts herausgegeben wird, sondern vom ▪77Derivathaus aufgrund herrschender Marktbedürfnisse zur Gewinnerzielung. Er ist nicht von Anfang an durch entsprechende Basiswerte abgesichert, sondern wird oft ▪78dynamisch abgesichert. Gegenteil: ▪92Stillhalter- oder gedeckte Option.

Variation margin Zusätzliche Mittel, die bei einem offenen ▪79Futures-Kontrakt bei täglichen Wertschwankungen zwecks Aufrechterhaltung der ▪86Maintenance margin eingefordert werden.

Vega, Kappa, Tau Misst die Veränderung des ▪87Optionswerts bei einer Veränderung der ▪161Volatilität. Gehört zu den ▪81Greek letters. Der Wert einer ▪86Option steigt mit zunehmender ▪96Volatilität des Basiswerts, während eine sinkende Volatilität dazu führt, dass eine Option billiger wird.

Verfallsdatum Letzter Tag der ◼34 Laufzeit einer ◼86 Option. Bis zu oder genau in diesem Zeitpunkt kann der Käufer die Option ausüben, andernfalls verfällt sie wertlos.

Volatilität des Basiswerts Je höher die ◼96 Volatilität des Basiswerts ist, desto grösser sind die Chancen, dass der Kurs des ◼73 Basiswerts am ◼96 Verfallsdatum zugunsten des Käufers ausfällt. ◼75 Calls und ◼89 Puts auf Basiswerte mit hoher ◼82 impliziter Volatilität sind deshalb teurer als Optionen auf weniger volatile Werte (◼95 Vega).

Volatilitätsanalyse Sie ermöglicht Aussagen über das Zusammenspiel von ◼87 Optionspreis und ◼82 impliziter Volatilität.

◼82 In-the-money-Optionen: Die implizite Volatilität verliert schnell an Bedeutung, weil der Anteil des ◼97 Zeitwerts gegenüber dem ◼82 inneren Wert am Optionspreis klein ist.

◼72 At-the-money-Optionen: hohe Aussagekraft, solange die betrachteten Optionen die gleiche Laufzeit aufweisen.

◼88 Out-of-the-money-Optionen: Da sich der gesamte Optionspreis nur aus dem Zeitwert zusammensetzt, wirkt sich eine Veränderung der impliziten Volatilität stark aus. Vorsichtige Interpretation.

Volatilitätsindex, VLEU Spiegelt die Entwicklung der ◼82 impliziten Volatilität über einen Zeitraum. Bildet einen Anhaltspunkt, wie die Investoren das Risiko von Kursschwankungen einschätzen. Für die einzelnen ◼66 SMI-Werte und für den SMI berechnet die Bank Leu den Volatilitätsindex VLEU.

Währungs-Swap	Austausch einer Serie von Zinszahlungen auf vereinbarten Kapitalbeträgen in verschiedenen Währungen über eine bestimmte Zeitperiode. Zu Beginn und am Ende der Periode erfolgt meist je ein Kapitalzahlungsaustausch. Entspricht einem ■**97**Zinssatz-Swap in verschiedenen Währungen.
Warrant	In einem ■**47**Wertpapier verbriefte ■**86**Option, deren Übertragbarkeit dadurch erleichtert wird. Warrants werden von einem ■**77**Derivathaus begeben und in der Regel an der ■**53**Börse kotiert. Auch die zusammen mit einer ■**37**Optionsanleihe begebenen ■**37**Optionsscheine werden als Warrants bezeichnet.
Wetterderivate	Instrumente, die meist auf den ■**73**Basiswert Temperatur lauten. Unternehmen, deren Absatz von der Witterung abhängt, können sich damit gegen Wetterrisiken absichern.
Zeitwert	Entspricht dem Betrag, den der Käufer im Hinblick auf die Chancen einer ■**86**Option aufzuwenden bereit ist. Er wird bestimmt durch die ■**90**Restlaufzeit, den ■**91**risikofreien Zinssatz, die ■**96**Volatilität des Basiswerts und die Dividendenzahlungen. Bis zum ■**96**Verfallsdatum wird der Zeitwert vollständig abgebaut.
Zinsoption, Zins-Warrant	■**86**Option, die sich auf ein zinstragendes ■**47**Wertpapier (z. B. ■**21**Anleihe der Eidgenossenschaft) oder direkt einen ■**29**Geldmarktzinssatz bezieht.
Zinssatz-Swap	Austausch einer Serie von fixen gegen eine Serie von variablen Zinszahlungen (Payer swap) bzw. umgekehrt (Receiver swap) auf einem vereinbarten Kapitalbetrag über eine bestimmte Zeitperiode.

Aktienfonds 100
Aktive Anlagestrategie 100
Anlagefonds 100
Anlagefondsgesetz 100
Anlagefondskategorien 100
Anlageliste 100
Anlagepolitik 100
Anlagesektor 101
Anlagestiftung 101
Anlagestil 101
Anlagezielfonds 101
Anteil 101
Asset allocation 101
Aufsicht von Fonds 101
Ausgabekommission 102
Ausgabepreis 102
Ausländischer Anlagefonds 102
Ausschüttungsfonds 102
Bankinterne Sondervermögen 102
Benchmark 102
Bottom up 102
Branchenfonds 102
Closed-end funds 103
Commodity funds 103
Dachfonds 103
Depotbank 103
Effektenfonds 103
Fondsleitung 103
Fonds mit besonderem Risiko 104
Fonds-Rating 104
Fondsreglement 104
Fund of funds 104

Geldmarktfonds 104
Gemischte Anlagefonds 104
Gesellschaftsrechtl. Anlagefonds ... 104
Hedge funds 104
Hypothekarfonds 105
Immobilienfonds 105
Indexfonds 105
Indexgebund. Anlagestrategie 105
Inhouse-Fonds 105
Inventarwert 105
Kollektivanlagevertrag 106
Länderfonds 106
Multithemenfonds 106
Obligationenfonds 106
Offshore funds 106
Ökofonds 106
Open-end funds 106
Passive Anlagestrategie 106
Rechenschaftsbericht 106
Rückgaberecht 107
Rücknahmepreis 107
SFA 107
Sicav 107
Themenfonds 107
Thesaurierungsfonds 107
Top down 107
Total expense ratio 107
Übrige Fonds 108
Umbrella-Fonds 108
Vertreter von Fonds 108
Vertriebsträger 108
Verwaltungsgebühr 108

Aktienfonds	`100` Anlagefonds, der sein Vermögen mindestens zu zwei Dritteln in `20` Aktien investiert. Beispiele: weltweit anlegende Fonds, `106` Länderfonds, `102` Branchenfonds.
Aktive Anlagestrategie	Investmentstil, der darauf abzielt, den Vergleichsindex (`102` Benchmark) zu übertreffen, indem gewisse in ihm enthaltene Titel über- oder untergewichtet werden.
Anlagefonds	Ein aufgrund öffentlicher Werbung von `51` Anlegern zum Zweck gemeinschaftlicher Kapitalanlage aufgebrachtes Vermögen, das von der `103` Fondsleitung in der Regel nach dem Grundsatz der Risikoverteilung (`136` Diversifikation) auf Rechnung der Anleger verwaltet wird.
Anlagefondsgesetz AFG	1995 in Kraft getretenes Gesetz, dem schweizerische und `102` ausländische Anlagefonds unterstehen und das primär den Anlegerschutz bezweckt.
Anlagefondskategorien gemäss AFG	`103` Effektenfonds, `108` übrige Fonds, `105` Immobilienfonds, `105` Hypothekarfonds, `102` ausländische Anlagefonds. Eine Sonderstellung nehmen die `102` bankinternen Sondervermögen ein.
Anlageliste	Von einer Bank periodisch erstellte Liste, die eine Auswahl von zur Anlage empfohlenen `47` Wertpapieren (`20` Aktien, `37` Obligationen, `100` Anlagefonds) enthält.
Anlagepolitik	Enthält die Disposition einer Vermögensanlage, um ein bestimmtes Anlageziel möglichst optimal zu erreichen. Je nach den Verhältnissen des `51` Anlegers wird der Sicherheit, der `157` Rendite, den Kurs- und Wachstumsaussichten oder der `155` Liquidität der Anlagen besonderes Gewicht beigemessen. Ebenso spielt die Wahl des richtigen Zeitpunkts für den Kauf und Verkauf eine wichtige Rolle.

Anlagesektor Wirtschaftssektor, Anlagetyp oder geographisch bestimmter Markt, in die ein Titel oder ein Anlagefonds eingeteilt wird.

Anlagestiftung Eine der Bundesaufsicht unterstellte, steuerbefreite Stiftung zur Durchführung der Kapitalanlage von Personalvorsorgeeinrichtungen. Ähnlich den ⬛Anlagefonds haben die Personalvorsorgeeinrichtungen die Möglichkeit, Ansprüche an den Teilvermögen (Anlagefonds) zu kaufen oder zu verkaufen.

Anlagestil Art und Weise, wie Anlageentscheide getroffen werden, nach welchen Grundsätzen die ⬛Performance optimiert und wie mit den ⬛Risiken umgegangen wird.

Anlagezielfonds Bildet Bank-Anlagestrategien mit unterschiedlichem Risikograd nach. Häufig werden Anlagezielfonds in die drei Fondstypen Growth (wertzuwachsorientiert, relativ hoher Aktienanteil), Balanced (ausgewogen) und Income (ertragsorientiert, kleiner Aktienanteil) eingeteilt.

Anteil, Anteilschein Nennwertlose Urkunde in Form eines Inhaber- oder Namenpapiers über die Beteiligung an einem ⬛Anlagefonds. Physische Urkunden werden nur noch auf Verlangen ausgestellt.

Asset allocation Gliederung eines ⬛Portefeuilles nach den verschiedenen Anlagearten ⬛Aktien, ⬛Obligationen, ⬛Geldmarktpapiere usw. Zusätzliche Aufteilung nach geographischen und währungsmässigen Kriterien.

Aufsicht von Fonds Die Einhaltung des ⬛Anlagefondsgesetzes und der ⬛Fondsreglemente wird von der ⬛Eidgenössischen Bankenkommission überwacht.

Ausgabekommission   Wird von der ausgebenden Fondsgesellschaft beim Verkauf von **101**Anteilen dem Käufer belastet.

Ausgabepreis   Preis, zu dem ein **100**Anlagefonds **101**Anteile ausgibt. Der
Preis setzt sich zusammen aus dem **105**Inventarwert des
Anteils plus eines Zuschlags für die der **103**Fondsleitung
und der **103**Depotbank erwachsenden Plazierungs- und
Druckkosten (**102**Ausgabekommission) sowie allfälliger
Nebenkosten für den An- und Verkauf der Anlagen.

Ausländische Anlagefonds   Die in der Schweiz angebotenen Anlagefonds mit Domizil im Ausland müssen von der **118**Eidgenössischen Bankenkommission zugelassen werden. Sie unterstehen
dem **100**Anlagefondsgesetz.

Ausschüttungsfonds   **100**Anlagefonds, der seine Erträge mehrheitlich an seine
101 Anteilinhaber ausschüttet. Gegensatz: **107**Thesaurierungsfonds.

Bankinterne Sondervermögen   Banken dürfen zur kollektiven Verwaltung von Vermögen bestehender Kunden Sondervermögen schaffen. Sie
dürfen für diese jedoch nicht öffentlich werben und keine **101**Anteilscheine ausgeben.

Benchmark   «Messlatte» oder Referenzgrösse, die im Hinblick auf die
Entwicklung der **38**Performance herangezogen wird
(z. B. ein **50**Aktienindex).

Bottom up   Investmentstil, der in erster Linie auf die Auswahl der Titel achtet und makroökonomische Prognosen kaum berücksichtigt. Gegensatz: **107**Top down.

Branchenfonds   **100**Anlagefonds, der sein Vermögen nur in **47**Wertpapieren eines bestimmten Wirtschaftszweigs anlegt.

Closed-end funds

 **100**Anlagefonds in Gesellschaftsform mit fixem Kapital. Sie haben keine Verpflichtung, ausgegebene **101**Anteile auf Verlangen des **51**Anlegers zurückzunehmen. Zudem besteht kein auf dem inneren Wert beruhender **102**Ausgabe- und **107**Rücknahmepreis. Anlagefonds gemäss **100**AFG können das Recht auf Kündigung nicht ausschliessen (Ausnahme: **105**Hypothekarfonds). Das AFG kennt keine Closed-end funds. Gegensatz: **106**Open-end funds.

Commodity funds, Rohstofffonds

Investieren hauptsächlich in Warenpapiere oder Waren (Rohstoffe), z. B. Getreide- oder Metallkontrakte.

Dachfonds

103 Effektenfonds, welcher sein Vermögen ausschliesslich in Anteilen anderer Effektenfonds anlegt (**104**Fund of funds).

Depotbank

Verwahrt die Vermögenswerte des **100**Anlagefonds, besorgt die Ausgabe und Rücknahme von **101**Anteilen und erledigt die Abwicklung des Zahlungsverkehrs. Sie wacht über die Einhaltung von **100**AFG und **104**Fondsreglement durch die **103**Fondsleitung, namentlich hinsichtlich Anlageentscheide, Berechnung des Anteilwerts und Verwendung des Erfolgs.

Effektenfonds

100 Anlagefonds mit Anlagen in massenweise ausgegebenen **47**Wertpapieren und in nichtverurkundeten Rechten mit gleicher Funktion, die an einer **53**Börse oder an einem anderen geregelten, dem Publikum offenstehenden Markt gehandelt werden (**100**Anlagefondskategorie gemäss AFG).

Fondsleitung

20Aktiengesellschaft, die **100**Anlagefonds für Rechnung der **51**Anleger selbständig und in eigenem Namen verwaltet. Sie entscheidet über die Ausgabe von **101**Anteilen, die **100**Anlagepolitik und setzt **102**Ausgabe- und **107**Rücknahmepreis sowie die Gewinnausschüttung fest.

Fonds mit besonderem Risiko	Fonds mit Anlegerrisiko, das nicht mit jenem von ▪103 Effektenfonds vergleichbar ist, worauf im Fondsnamen sowie in der Werbung hingewiesen werden muss.
Fonds-Rating	Entscheidungshilfe für die Fondsauswahl anhand verschiedener, je nach Rating-Gesellschaft unterschiedlicher Bewertungskriterien wie risikoadjustierter Performance, Qualität der Investmentprozesse usw.
Fondsreglement	Bildet die Basis für die Geschäftstätigkeit eines ▪100 Anlagefonds und regelt die Rechte und Pflichten der Vertragsparteien (▪103 Fondsleitung, ▪103 Depotbank, ▪51 Anleger).
Fund of funds	Fonds, der in verschiedene ausgewählte Fonds mit unterschiedlichen Anlagestrategien investiert.
Geldmarktfonds	▪100 Fonds für Anlagen in ▪30 Geldmarktpapieren wie ▪44 Treasury bills.
Gemischte Anlagefonds	▪100 Anlagefonds, die in verschiedene ▪47 Wertpapierarten, ▪30 Geldmarktpapiere und Immobilien gleichzeitig investieren. Sind in der Schweiz nicht mehr zulässig.
Gesellschaftsrechtliche Anlagefonds	In den USA (Mutual fund), Grossbritannien, Luxemburg und Frankreich (▪107 Sicav) weit verbreitete Rechtsform. In der Schweiz sind gesellschaftsrechtliche Anlagefonds (z. B. die ▪60 Beteiligungsgesellschaften) nicht durch das ▪100 AFG, sondern durch das Obligationenrecht (OR) geregelt.
Hedge funds	Anlagevehikel, die in der Regel ihr Domizil in ▪130 Offshore-Finanzplätzen wie den Bahamas oder den Cayman Islands haben, in denen sie sich der strengen ▪101 Aufsicht durch eine Behörde entziehen können. Diese Rahmenbedingungen erlauben es ihnen, mit Fremdkapital und ▪77 Derivaten zu arbeiten. Damit können sie sowohl auf

steigende als auch auf fallende Wertpapierkurse setzen. Der Hedge-funds-Manager hat typischerweise einen Grossteil seines privaten Vermögens im Fonds plaziert und lässt sich vor allem über eine ■38■Performance fee entschädigen.

Hypothekarfonds ■100■Anlagefonds, der sein Vermögen in Grundpfandtiteln investiert. Bisher wurden noch keine Hypothekarfonds aufgelegt.

Immobilienfonds ■100■Anlagefonds, der in bebaute und unbebaute Grundstücke sowie in ■144■Beteiligungen an und Forderungen gegen Immobiliengesellschaften investiert. Die Kündigung ist nur auf Ende des nächsten Geschäftsjahres möglich.

Indexfonds ■100■Anlagefonds, die in ihrer Titelselektion und Gewichtung die Struktur eines Index nachzubilden versuchen.

Indexgebundene Anlagestrategie Investmentstil, der den Vergleichsindex (■102■Benchmark) abzubilden versucht.

Inhouse-Fonds Von der Praxis entwickelter Begriff für Vermögen, das von einem engbegrenzten Anlegerkreis zur gemeinsamen Kapitalanlage aufgebracht und nach dem Grundsatz der Risikoverteilung verwaltet wird, nach dem ■100■AFG ■102■bankinternes Sondervermögen genannt. Anders als für ■100■Anlagefonds darf für Inhouse-Fonds keine öffentliche Werbung betrieben werden.

Inventarwert Zur Berechnung des Inventarwerts eines ■101■Anteils werden vom ■161■Verkehrswert der Fondsaktiven die Verpflichtungen (bei ■105■Immobilienfonds zusätzlich die mutmasslichen Liquidationssteuern) abgezogen, und der verbleibende Betrag (Nettovermögen) wird durch die im Umlauf befindlichen Anteile geteilt (■153■Net asset value).

Kollektivanlagevertrag   Rechtsgrundlage für die Beziehungen zwischen dem Anleger und der [103]Fondsleitung sowie der [103]Depotbank.

Länderfonds   [100]Anlagefonds, die ihr Vermögen ausschliesslich in [20]Aktien von Gesellschaften mit Sitz in einem bestimmten Land anlegen.

Multithemenfonds   Anlagekonzept, mit dem verschiedene aktuelle Trends kombiniert werden.

Obligationenfonds   [100]Anlagefonds, der gemäss [104]Fondsreglement in [37]Obligationen investiert.

Offshore funds   [100]Anlagefonds, deren Rechtsdomizil sich in Ländern befindet, die über keine oder eine sehr large Anlagefondsgesetzgebung und [101]Aufsicht verfügen (z. B. Bahamas, Bermudas, Cayman Islands).

Ökofonds   Investieren in Aktien von Gesellschaften, die bei ihrer Geschäftstätigkeit den Grundsatz der Nachhaltigkeit (Sustainability) beachten und gewisse Branchen ausschliessen (z. B. Tabak, Rüstung, Kernenergie).

Open-end funds   [100]Anlagefonds, die einerseits laufend neue [101]Anteile ausgeben, andererseits die Verpflichtung haben, ausgegebene Anteile auf Verlangen des Inhabers zum inneren Wert zurückzunehmen. Gegensatz: [103]Closed-end funds.

Passive Anlagestrategie   Investmentstil, der darauf abzielt, den Vergleichsindex ([102]Benchmark) abzubilden. Gegensatz: [100]aktive Anlagestrategie.

Rechenschaftsbericht   Bericht über die Geschäftstätigkeit des [100]Anlagefonds. Der Bericht wird von der [37]Revisionsstelle geprüft.

Rückgaberecht [101]Anteile können täglich zum aktuellen [107]Rücknahmepreis an die [103]Fondsleitung zurückgegeben werden. Ausnahme: [105]Immobilienfonds.

Rücknahmepreis Preis, zu dem die [101]Anteile von der [103]Fondsleitung unter Einhaltung der gesetzlichen Kündigungsfrist zurückgenommen werden müssen ([105]Inventarwert abzüglich einer eventuellen Kommission gemäss [104]Reglement).

SFA Swiss Funds Association, Schweizer Anlagefondsverband.

Sicav In Frankreich und Luxemburg verbreiteter [100]Anlagefonds (Société d'investissement à capital variable), der in Form einer [20]Aktiengesellschaft konstruiert ist.

Total expense ratio TER Kennzahl, die Auskunft über sämtliche dem Anleger belasteten Kosten gibt. Darunter fallen die einmaligen Kosten (Ausgabe- und Rücknahmekommissionen) sowie sämtliche laufenden Kosten des Fondsmanagements in Prozent des Fondsvermögens. Werden die Kosten der Wertschriftentransaktionen einbezogen, spricht man von All-in-fee.

Themenfonds [100]Anlagefonds, dessen [100]Anlagepolitik sich nach einem den wirtschaftlichen Entwicklungstrends entsprechenden Leitgedanken richtet.

Thesaurierungsfonds [100]Anlagefonds, dessen Erträge wiederangelegt werden. Gegensatz: [102]Ausschüttungsfonds.

Top down Investmentstil, der auf die Auswahl des geographischen Raumes und die makroökonomische Analyse setzt. Gegensatz: [102]Bottom up.

Übrige Fonds Dazu zählen gemäss **100**AFG Anlagefonds, die weder **103**Effektenfonds noch **105**Immobilienfonds sind. Ihre **103**Fondsleitungen dürfen auch in Anlagen investieren, die nur beschränkt marktgängig sind, hohen Kursschwankungen unterliegen, begrenzte **148**Risikodiversifikation aufweisen oder deren Bewertung erschwert ist.

Umbrella-Fonds **100**Anlagefonds, die aus mehreren Subfonds zusammengesetzt sind. Deren Gesamtheit bildet eine juristische Einheit, so dass nur für den Umbrella ein Zulassungsverfahren nötig ist. **51**Anleger können teilweise kommissionsfrei von einem Subfonds zu einem anderen wechseln.

Vertreter von Fonds Bietet gewerbsmässig Anteile **102**ausländischer Anlagefonds an. Er vertritt diese in der Schweiz gegenüber den Anlegern und der Aufsichtsbehörde. Er ist auch für Veröffentlichungen und die Werbung in der Schweiz verantwortlich. Die Tätigkeit ist bewilligungspflichtig.

Vertriebsträger Vertreibt gewerbsmässig Anteile von **100**Anlagefonds, ohne einer **103**Fondsleitung oder **103**Depotbank anzugehören. Die Tätigkeit ist bewilligungspflichtig.

Verwaltungsgebühr, Management fee In Prozenten des Fondsvermögens ausgedrückte Entschädigung, welche die **103**Fondsleitung für die Verwaltung eines **100**Anlagefonds erhält.

Abwicklungsrisiko	112	
Aktivgeschäft	112	
Allfinanz	112	
Allgem. Geschäftsbedingungen	112	
Alternative Risk Transfer	113	
Anlageberatung	113	
Anteilgeb. Lebensversicherung	113	
Auslandgeschäft	113	
Ausleihungen an Kunden	113	
Ausserbilanzgeschäft	113	
Backoffice	113	
Bank für Internationalen Zahlungsausgleich	113	
Bankenaufsicht	114	
Bankengesetz	114	
Bankgeheimnis	114	
Basel II	114	
Betreute Kundenvermögen	115	
Bilanzstrukturmanagement	115	
BIZ-Eigenkapitalquote	115	
BIZ-Empfehlungen	115	
BIZ-Kernkapital	115	
Bodensatz	115	
Chapter 11	115	
Chinese walls	116	
Combined ratio	116	
Compliance	116	
Cross-selling	116	
Deckungskapital	116	
Delkredererisiko	116	
Deregulierung	116	
Devisen	116	
Direct banking	117	
Disintermediation	117	
Diskontgeschäft	117	
Diskontsatz	117	
Dotationskapital	117	
Edelmetalle	118	
Eidg. Bankenkommission	118	
Eigenkapital der Banken	118	
Eigenmittelanforderungen	118	
Eigenmitteldeckungsgrad	118	
Einmalprämie/-einlage	118	
Einzelversicherung	119	
Embedded value	119	
Emerging markets	119	
Emissionsgeschäft	119	
Equity banking	119	
Erfolg aus dem Handelsgeschäft	119	
Erfolg aus dem Kommissions- und Dienstleistungsgeschäft	120	
Erfolg aus dem Zinsengeschäft	120	
Erstversicherung	120	
Euro	121	
Europ. System d. Zentralbanken	121	
Europäische Währungsunion	121	
Europäische Zentralbank	121	
Federal funds rate	121	
Federal Reserve System	122	
Festgeld	122	
Festhypothek	122	
Financial engineering	122	
Finanzanlagen	122	
Finanzintermediär	122	
Finanzplatz	123	
Firmenkundengeschäft	123	
Floating	123	
Fluchtgelder	123	
Forderungen gegenüber Kunden	123	
Gegenparteirisiko	123	
Geldmenge	123	
Geldpolitik	123	
Geldwäscherei	124	
Geldwäschereigesetz	124	
Geschäftsaufwand	124	
Glass-Steagall Act	124	
Global custody	124	
Goldene Bankregel	125	
Greenback	125	
Grossbanken	125	
Handelsbest. in Wertschriften	125	
Hypothekargeschäft	125	
Indifferente Bankgeschäfte	125	
Individualkundengeschäft	125	
Inspektorat	126	
Instrumentarium der EBK	126	
Interbankengeschäft	126	
Internat. Währungsfonds	126	
Internat. Zahlungssystem	126	
Investment banking	126	
Kantonalbanken	127	
Kapitaldeckungsverfahren	127	
Kapitalversicherung	127	
Klumpenrisiko	127	
Kollektivversicherung	127	
Kollokationsplan	127	
Konkurs	127	
Konkursprivileg	128	
Kontraktvolumen	128	
Kontrollstelle für die Bekämpfung der Geldwäscherei	128	
Kostensatz	128	
Kundengelder	128	
Länderrisiko	128	
Leasing	129	
Lebensversicherung	129	
Leitzinsen	129	
Liquiditätsvorschriften	129	
Lombardkredit	129	
Lombardsatz	129	
Marge	130	
Meldestelle für Geldwäscherei	130	
Merchant banking	130	
Mergers & Acquisitions	130	
Neubewertungsreserve	130	
Offshore-Finanzplätze	130	
Operationelle Risiken	131	
Organkredite	131	
Outsourcing	131	
Parabank	131	
Passivgeschäft	131	
Prämien (brutto, netto, verdiente)	131	
Prämienüberträge	132	
Privatbankiers	132	
Private banking	132	
Raiffeisenbanken	132	
Regionalbanken	132	
Rentenversicherung	132	
Repo-Geschäft	133	
Reserven für allg. Bankrisiken	133	
Retrozession	133	
Risk management	133	
Rückstellungspolitik der Banken	133	
Rückstellungssatz	133	
Rückversicherung	133	
Sachanlagen	134	
Schadensatz	134	
Schweiz. Bankiervereinigung	134	
Schweiz. Nationalbank	134	
Securities lending and borrowing	134	
Securitization	134	
Selbstregulierungsorganisation	134	
Solvabilitätsspanne	135	
Sonderrückstellungen	135	
Sonstige Aktiven und Passiven	135	
Sorgfaltspflichten der Finanzintermediäre	135	
Sorgfaltspflichtvereinbarung	136	
Swiss Interbank Clearing	136	
Technischer Deckungsgrad	136	
Technischer Ergebnissatz	136	
Telekurs	136	
Trennbankensystem	136	
Treuhandgeschäfte	137	
Übriger ordentlicher Erfolg	137	
Umlageverfahren	137	
Universalbanken	137	
Unternehmensfinanzierung	137	
Variable Hypothek	137	
Variabler Zinssatz	137	
Vermögensverwaltung	138	
Vermögensverwaltungsbanken	138	
Versicherungstechn. Ergebnis	138	
Wagniskapital	138	
Währungsanbindung	138	
Weltbank	138	
Wertberichtigungen und Rückstellungen	138	
Wertschriftenportefeuille	139	
Wholesale banking	139	
Wiederbeschaffungswert	139	
Wirtschaftlich Berechtigter	139	
Zinsänderungsrisiko	139	
Zinsmarge	139	

Abwicklungsrisiko,
Settlement risk

123 Risiko, dass die Gegenpartei (andere Bank, Kunde) ihren Verpflichtungen zum vereinbarten Zeitpunkt nicht nachkommt.

Aktivgeschäft

Das aktive Kreditgeschäft einer Bank umfasst die **113** Ausleihungen der auf der Passivseite angenommenen Gelder (**131** Passivgeschäft) an Kunden oder an andere Banken (**126** Interbankengeschäft).

Bankbilanz	
Aktiven	**Passiven**
Flüssige Mittel	Verpflichtungen aus Geldmarktpapieren
Forderungen aus Geldmarktpapieren	Verpflichtungen geg. Banken
Forderungen geg. Banken	Verpflichtungen geg. Kunden in Spar- und Anlageform
Forderungen geg. Kunden	
Hypothekarforderungen	Übrige Verpflichtungen geg. Kunden
Handelsbestände in Wertschriften und Edelmetallen	Kassenobligationen
	Anleihen und Pfandbriefdarlehen
Finanzanlagen	Rechnungsabgrenzungen
Beteiligungen	Sonstige Passiven
Sachanlagen	Wertberichtigungen und Rückstellungen
Rechnungsabgrenzungen	Reserven für allgemeine Bankrisiken
Sonstige Aktiven	Gesellschaftskapital
	Reserven
	Gewinnvortrag
	Jahresgewinn

Allfinanz

Vertragliche oder kapitalmässige Verbindung einer Bank mit einer Versicherung. Der Zweck liegt in der gemeinsamen Nutzung der Vertriebssysteme für Bank- und Versicherungsprodukte und der Zusammenarbeit im **133** Risikomanagement. In einem umfassenderen Sinne bedeutet Allfinanz die Verschmelzung der gesamten Finanzdienstleistungen.

Allgemeine
Geschäftsbedingungen AGB

Umfassen Grundsätze und Richtlinien, nach denen sich das Verhältnis zwischen Kunde und Bank bzw. Versicherung richtet.

Alternative Risk Transfer ART Nichtherkömmliche Finanztechniken und -instrumente, mit denen Risiken übernommen werden können, die im traditionellen Versicherungsgeschäft nicht gedeckt werden (z. B. Katastrophen-Bonds).

Anlageberatung Konzentriert sich im Gegensatz zur Vermögensverwaltung auf die ausschliessliche Beratung eines Kunden in Anlagefragen.

Anteilgebundene Lebensversicherung Kapitalbildende **129**Lebensversicherung, die einen Versicherungsschutz mit einem **100**Anlagefonds verbindet. Sie beteiligt den Anleger an der Wertentwicklung der von ihm gewählten Anlagefonds.

Auslandgeschäft Umfasst alle Bankgeschäfte, die mit im Ausland domizilierten Kunden und Privatbanken abgewickelt werden.

Ausleihungen an Kunden Setzen sich aus den **123**Forderungen gegenüber Kunden und den **125**Hypothekarforderungen zusammen.

Ausserbilanzgeschäft Bankgeschäfte, die nicht in der **144**Bilanz erfasst werden. Dazu zählen Eventualverpflichtungen (z. B. Bürgschaften, Garantien), **137**Treuhandgeschäfte, **138**Vermögensverwaltung, Börsentätigkeit, **119**Emissionsgeschäft, Devisenhandel, Kautionen und offene derivative Finanzinstrumente. Sie lassen sich nur aus den Kommissionen und Gebühren in der **149**Erfolgsrechnung ableiten.

Backoffice Räumlichkeiten einer Bank, in denen die Verarbeitungsfunktionen (z. B. Abrechnungen und Überweisungen für den **47**Wertpapierhandel) ausgeführt werden.

Bank für Internationalen Zahlungsausgleich BIZ Die 1930 mit Sitz in Basel gegründete Organisation fördert die Zusammenarbeit der Zentralbanken, die auch die Aktionäre der BIZ sind.

Bankenaufsicht Die Aufsicht über die Banken teilen sich vier Kontrollinstanzen: die **113**EBK (Oberaufsicht), die externe Revisionsstelle nach **114**Bankengesetz, das **126**Inspektorat sowie die Revisionsstelle nach Obligationenrecht (OR).

Bankengesetz Dem Bundesgesetz über die Banken und Sparkassen (Bankengesetz) sind alle Geschäftsbanken, Sparkassen und die **132**Privatbankiers in der Schweiz unterstellt. Zweck des Gesetzes ist der Gläubigerschutz.

Bankgeheimnis Geheimhaltungspflicht der Banken über die vermögensrechtlichen und privaten Verhältnisse ihrer Kunden. Die Verletzung des Bankgeheimnisses ist ein Offizialdelikt. Eine Zeugnis- und Auskunftspflicht besteht gegenüber Behörden aufgrund des Strafrechts sowie weiterer gesetzlicher Bestimmungen.

Basel II Die aktuell vom Basler Ausschuss für Bankenaufsicht im Rahmen der **113**BIZ erarbeitete Neue Basler Eigenkapitalvereinbarung wird voraussichtlich per Ende 2006 den Vorgänger-«Akkord» von 1988 ablösen. Basel II basiert erstens auf einer detaillierteren und risikogerechteren Ermittlung der Mindestanforderungen an die **118**Eigenkapitalunterlegung. Neben **156**Markt- und Kreditrisiken, die neu nach verschiedenen Verfahren je nach Komplexität der Geschäfte und der Qualität des Risikomanagements der jeweiligen Bank ermittelt und gewichtet werden, sollen künftig auch operationelle Risiken unterlegt werden. Zweitens verlangt Basel II ein verstärktes Überprüfungsverfahren, mit dem die Aufsichtsinstanzen die Solidität der bankinternen Eigenmittelbeurteilung sicherstellen sollen. Drittens zielen verschärfte Offenlegungsvorschriften auf eine bessere Marktdisziplin in bezug auf Risikoprofil und Eigenkapitalausstattung ab.

Betreute Kundenvermögen,
Assets under management

Die betreuten institutionellen und privaten Kundenvermögen geben Aufschluss über das Ausmass der Aktivitäten einer Vermögensverwaltungsbank. Sie gliedern sich in Kundendepots (Wertpapiere, Wertrechte, Edelmetalle, Treuhandgelder), Anlagefondsvermögen sowie Verbindlichkeiten gegenüber Kunden.

Bilanzstrukturmanagement,
Assets & Liabilities Management
ALM

Steuerung der verschiedenen Risiken des Bankgeschäfts. Dabei geht es um die Erfassung der Aktiv- und Passivstruktur der Gesamtbilanz inklusive der Ausserbilanzgeschäfte sowie die Analyse der Auswirkungen der Zinsentwicklung auf die Ertragslage.

BIZ-Eigenkapitalquote

Dient zur Beurteilung der Eigenkapitalausstattung einer Bank. Die von der BIZ definierte Quote berechnet sich aus der Gegenüberstellung des Eigenkapitals und der risikogewichteten Aktiven.

BIZ-Empfehlungen

Empfehlungen zu Risikomanagement, Eigenkapitalausstattung und Rechnungslegung im Derivatgeschäft.

BIZ-Kernkapital, Tier 1

Setzt sich gemäss Definition der BIZ zusammen aus dem Grundkapital, den offenen Reserven und dem konsolidierten Gewinn einer Bank.

Bodensatz

Durchschnittlicher Minimalbestand von bestimmten Passivgeldern (z. B. Spargeldern), der trotz Rückzugsmöglichkeiten auf den Bankkonten belassen wird und damit durch die Bank zinstragend angelegt werden kann.

Chapter 11

Abschnitt des amerikanischen Konkursgesetzes, das die Reorganisation eines Unternehmens unter Gesetzesschutz vorsieht. Um ein Verfahren nach Chapter 11 zu beantragen, muss nicht notwendigerweise ein Konkurs vorliegen.

Chinese walls Informationsbarrieren, die innerhalb einer Finanzinstitution bestehen, so dass die unterschiedlichen Bereiche von den Kundendossiers der anderen nichts wissen. Dadurch soll Interessenkonflikten vorgebeugt werden.

Combined ratio Die Summe aus **128**Kostensatz und **134**Schadensatz dient zur Beurteilung der Rentabilität des Nichtlebengeschäfts vor der Berücksichtigung technischer Zinserträge.

Compliance Bankinternes Kontrollorgan, das im Auftrag des Verwaltungsrates die Einhaltung sämtlicher Gesetze, Statuten, Reglemente und Weisungen überwacht.

Cross-selling Verkauf von Dienstleistungen über die einzelnen Vertriebskanäle und Produktsegmente hinweg. Die umfassende Finanzberatung ist eine wesentliche Stärke der **137**Universalbanken und **112**Allfinanzunternehmen.

Deckungskapital Versicherungstechnische **159**Rückstellungen im **129**Lebensversicherungsgeschäft. Das Deckungskapital wird aufgrund behördlicher Vorschriften berechnet und dient zusammen mit den künftigen **131**Prämien der Sicherstellung der Leistungsansprüche der Versicherten.

Delkredererisiko **123**Risiko, dass die Gegenpartei (andere Banken, Kunden) bei ungünstigen Marktverhältnissen ihren Verpflichtungen nicht nachkommt (Erfüllungsrisiko).

Deregulierung Abbau wettbewerbshemmender staatlicher Vorschriften, speziell an den Finanzmärkten (Liberalisierung).

Devisen Auf ausländische Währung lautende und im Ausland zahlbare Geldforderungen, insbesondere Bankguthaben, Checks und Wechsel.

Direct banking   Jederzeitige, kostengünstige Abwicklung von Bankge-
schäften mittels Einsatz moderner Informationstechno-
logien, z. B. Telebanking (Verbindung Heimcomputer
mit Bankenrechner), Telefon banking, Internet banking.

Disintermediation   Anbieter und Nachfrager von Kapital treffen vermehrt direkt oder über die Börse aufeinander, ohne die Vermitt-
lung durch Banken zu beanspruchen. Werden **47**Wertpapiere ausgegeben, wird der Prozess als **134**Securitization
bezeichnet.

Diskontgeschäft   Kauf von später fällig werdenden Forderungen durch die
Bank unter Abzug eines Zwischenzinses, des Diskonts
für die zwischen Kauf- und Verfalltag liegende Zeit. Der
in Anwendung gebrachte Zinssatz wird als **117**Diskontsatz bezeichnet.

Diskontsatz   Der beim **117**Diskontgeschäft in Anwendung gebrachte
Zinssatz. Heute existiert nur noch der Privatsatz, den die
Banken zur Diskontierung von Wechseln oder ähnlichen
Forderungspapieren anwenden. Bis Ende 1999 galt der of-
fizielle Diskontsatz der **134**SNB als Leitzins.

Diskontsatz/Diskontbetrag		
Eckdaten		
Wechselbetrag:	1000 Fr.	
Diskontsatz:	4%	
Laufzeit bis zum Verfall: 90 Tage		

$$\text{Diskontbetrag} = \frac{\text{Wechselbetrag} \times \text{Diskontsatz} \times \text{Tage}}{100 \times 360 \text{ Tage}}$$

$$\frac{1000 \text{ Fr.} \times 4 \times 90 \text{ Tage}}{100 \times 360 \text{ Tage}} = 10 \text{ Fr. oder } 1\%$$

Dotationskapital   Grundkapital, das ein Kanton oder eine Gemeinde einem
Unternehmen der öffentlichen Hand (z. B. **127**Kantonal-
bank) zur Verfügung stellt.

Edelmetalle	Dazu gehören Gold, Silber, Platin, Palladium, Iridium, Rhodium, Osmium und Ruthenium. Als Kapitalanlage werden nur Gold, Silber, Platin und Palladium verwendet.
Eidgenössische Bankenkommission EBK	Übt die ▮114▮Oberaufsicht über die Schweizer Banken und Effektenhändler aus und achtet auf die Einhaltung des ▮114▮Banken-, ▮100▮Anlagefonds- und ▮53▮Börsengesetzes. Als unabhängige Instanz wird sie vom Bundesrat gewählt.
Eigenkapital der Banken	Objektiv messbare Grösse für die Solidität einer Bank. Dem ▮118▮Eigenkapital der Banken kommt primär eine Absicherungsfunktion gegen unternehmerische Risiken zu.

Eigenkapital der Banken/Eigenmittel	
1. Kernkapital	
1.1. einbezahltes Kapital	(Aktien-, Dotations-, Partizipationskapital)
1.2. offene Reserven	(Reserven für allgemeine Bankrisiken, gesetzliche Reserven, Reserven für eigene Aktien, andere Reserven)
1.3. Gewinnvortrag und Zuweisung	
2. ergänzendes Kapital	
2.1. stille Reserven in Wertberichtigungen und Rückstellungen	
2.2. stille Reserven in Anlagevermögen und Finanzanlagen	
2.3. nachrangige Anleihen	

Eigenmittelanforderungen	Zur Risikoabsicherung müssen Banken ▮142▮Aktiven, ▮113▮Ausserbilanzgeschäfte und offene Positionen mit ▮149▮Eigenkapital unterlegen. Für jede Position wird nach dem jeweiligen Risikograd ein Unterlegungssatz zwischen 0 und 100% definiert.
Eigenmitteldeckungsgrad	Verhältnis zwischen den effektiv vorhandenen und den gesetzlich erforderlichen ▮118▮Eigenmitteln einer Bank.
Einmalprämie/-einlage	Einmalige Prämienzahlung für eine Versicherung anstelle periodischer Prämien. Einmaleinlagen sind Quasi-Sparprodukte.

Einzelversicherung Versicherungsvertrag für Einzelpersonen. Gegensatz: ▪127Kollektivversicherung.

Embedded value Annäherung an den effektiven, dem Aktionär zustehenden Wert am Geschäft einer Versicherung. Der Embedded value definiert sich als aktueller (abdiskontierter) Wert des gezeichneten Lebensversicherungsgeschäfts, wobei das künftige Neugeschäft nicht berücksichtigt wird. Er wird ermittelt aus der Summe des adjustierten Eigenkapitals, das diesem Lebensversicherungsgeschäft zugrunde liegt, sowie dem Barwert aus projizierten, künftigen Jahresgewinnen (unter Abzug der Eigenkapitalkosten zur Sicherung der Solvenzanforderungen).

Emerging markets EmMa, Schwellenländer Finanzmärkte in aufstrebenden Schwellenländern (v. a. Osteuropa, Asien, Lateinamerika) mit einem überdurchschnittlichen Wachstumspotenzial, aber auch hohen Risiken.

Emissionsgeschäft Übernahme und ▪38Plazierung von neuen, noch nicht im Anlegerpublikum untergebrachten ▪47Wertpapieren auf dem ▪33Kapitalmarkt durch Banken.

Equity banking Die Bank stellt als Vermittlerin oder als Investorin ▪149Eigenkapital für Unternehmen zur Verfügung, die in der Regel nicht an der ▪53Börse kotiert sind. Dazu gehört auch das Angebot von ▪138Wagniskapital.

Erfolg aus dem Handelsgeschäft Saldo aus den Handelsaktivitäten mit Geldanlagen, ▪116Devisen, ▪118Edelmetallen, ▪56Effekten und ▪77derivativen Instrumenten. Das Handelsgeschäft umfasst sowohl das reine Kundengeschäft als auch die Eigenbetände (Nostrogeschäft) der Bank (vgl. Tabelle auf Seite 120).

**Erfolg aus dem Kommissions-
und Dienstleistungsgeschäft**

Saldo aus den Kommissionen des Wertpapier- und Anlagegeschäfts, der **113** Anlageberatung und **136** Vermögensverwaltung, dem **119** Emissionsgeschäft sowie aus übrigen Bankdienstleistungen (vgl. Tabelle unten).

Erfolg aus dem Zinsengeschäft

Saldo aus dem Zinsertrag und dem Zinsaufwand einer Bank. Die Spanne zwischen den Aktiv- und Passivsätzen in der Bankbilanz wird als **139** Zinsmarge bezeichnet.

Gliederung der Bankerfolgsrechnung	
Erfolgsrechnung	
Zins- und Diskontertrag	
+ Zins- und Dividendenertrag aus Handelsbeständen	
+ Zins- und Dividendenertrag aus Finanzanlagen	
− Zinsaufwand	
= **Erfolg Zinsengeschäft**	A
Kommissionsertrag Kreditgeschäft	
+ Kommissionsertrag Wertschriften- und Anlagegeschäft	
+ Kommissionsertrag übriges Dienstleistungsgeschäft	
− Kommissionsaufwand	
= **Erfolg Kommissions- und Dienstleistungsgeschäft**	B
Erfolg Handelsgeschäft	C
Erfolg aus Veräusserung von Finanzanlagen	
+ Beteiligungsertrag	
+ Liegenschaftenerfolg	
+ anderer ordentlicher Erfolg	
− anderer ordentlicher Aufwand	
= **übriger ordentlicher Erfolg**	D
Personalaufwand	
+ Sachaufwand	
= **Geschäftsaufwand**	E
Bruttogewinn	(A+B+C+D−E)
− Abschreibungen auf dem Anlagevermögen	
− Wertberichtigungen, Rückstellungen und Verluste	
= **Zwischenergebnis**	
+ ausserordentlicher Ertrag	
− ausserordentlicher Aufwand	
− Steuern	
= **Jahresgewinn**	

Erstversicherung

Übernahme von Risiken der Kunden durch eine Versicherung, auch Direktversicherung genannt.

Euro   Einheitswährung der am 1. Januar 1999 gegründeten [121]EWU. Als Bargeld ersetzte der Euro (Untereinheit: Cent) die nationalen Währungen in den ersten Monaten von 2002. Die alte europäische Korbwährung Ecu wurde ebenfalls am 1. Januar 1999 1:1 in Euro getauscht.

Euro-Länder und fixe Umtauschverhältnisse					
Belgien	0,0248	€/bFr.	Italien	0,00052	€/Lit.
Deutschland	0,5113	€/DM	Luxemburg	0,0248	€/lFr.
Finnland	0,1682	€/Fmk.	Niederlande	0,4538	€/hfl.
Frankreich	0,1524	€/fFr.	Österreich	0,0727	€/öS
Griechenland	0,002935	€/Dr.	Portugal	0,0051	€/Esc.
Irland	1,2697	€/ir. Pfund	Spanien	0,0060	€/Ptas.

Europäisches System der Zentralbanken ESZB   Setzt sich aus der [121]EZB und den nationalen Zentralbanken zusammen. Verfolgt bei der Durchführung der Geldpolitik das vorrangige Ziel der Preisstabilität.

Europäische Währungsunion EWU   Von elf Staaten der Europäischen Union per 1. Januar 1999 realisierter Zusammenschluss (seit 1. Januar 2001 auch Griechenland). Die Teilnehmer haben die geldpolitische Kompetenz der [121]EZB übertragen. Die nationalen Währungen wurden gegeneinander (Wechselkursverhältnisse) und gegenüber der Einheitswährung [121]Euro fixiert (zu den Umtauschverhältnissen vgl. Tabelle oben).

Europäische Zentralbank EZB   Zentralbank der [121]EWU-Länder. Entscheidet über die Geldpolitik im [121]Euro-Raum. Die Durchführung der Geld- und Währungspolitik erfolgt zusammen mit den nationalen Zentralbanken ([121]Europäisches System der Zentralbanken).

Federal funds rate, Fed funds   Kurzfristige Leitzinssätze, die eines der Hauptinstrumente der amerikanischen Notenbank ([122]Fed) zur Geldmengensteuerung bilden.

Federal Reserve System, Federal Reserve Board Fed US-Zentralbanksystem, dem die zwölf Federal Reserve Banks angeschlossen sind. Es bestimmt die Geldpolitik und wird vom Board, der Zentralbehörde, geleitet.

Festgeld Barguthaben (Mindestlimite 100 000 Fr.), das auf eine bestimmte Zeit (bis zwölf Monate) zu einem im Voraus fixierten Zinssatz bei Banken angelegt wird.

Festhypothek Weist einen unveränderlichen Zinssatz während der **34** Laufzeit von in der Regel zwischen zwei und zehn Jahren auf, im Gegensatz zur **137** variablen Hypothek, die von den Schwankungen des Hypothekarzinssatzes abhängt.

Financial engineering Beschäftigt sich mit der Optimierung der Kapitalausstattung eines Unternehmens unter Einbezug aller zur Verfügung stehenden Finanzierungsinstrumente.

Finanzanlagen In dieser Position werden **47** Wertpapierbestände bilanziert, die weder mit der Absicht des Handels noch mit der Absicht der dauernden Anlage gehalten werden. Die Anlagen werden nach dem **156** Niederstwertprinzip bewertet. Eigene Aktien, die nicht dem Handel dienen, sind in den Finanzanlagen bilanziert.

Finanzintermediär Nach dem **124** Geldwäschereigesetz (GwG) werden darunter Banken, Fonds, Versicherungen, Effektenhändler, Spielbanken sowie andere Personen, die berufsmässig fremde Vermögen verwalten (Kreditgeschäft, Leasing, Treuhänder, Anwälte, Wechselstuben usw.), verstanden. Sie müssen die **135** Sorgfaltspflichten einhalten und sind zudem, sofern sie nicht schon einer anderen behördlichen Aufsicht unterstehen (z. B. **116** EBK), der Kontrolle durch **134** Selbstregulierungsorganisationen unterworfen oder direkt der **128** Kontrollstelle für die Bekämpfung der Geldwäscherei unterstellt.

Finanzplatz	Knotenpunkt des Geld- und Kapitalverkehrs. Die Akteure auf dem Finanzplatz sind die Banken, Versicherungen, Pensionskassen und andere **60**institutionelle Investoren. Eine spezielle Rolle nehmen die **130**Offshore-Finanzplätze ein.
Firmenkundengeschäft, Commercial banking	Umfasst das kommerzielle Kreditgeschäft für Grosskunden, kleinere und mittlere Unternehmen und öffentlich-rechtliche Körperschaften. Hinzu kommen das **130**Merchant banking und die Exportfinanzierungen.
Floating	Freie (flexible) Wechselkursgestaltung entsprechend Angebot und Nachfrage am **57**Devisenmarkt. Teilweise wird die Kursbildung auch durch Notenbankinterventionen beeinflusst («schmutziges» Floating).
Fluchtgelder	Häufig verwendete Bezeichnung für Kapital, das unter Verletzung von nationalen Kapitalexport-, Devisen- oder Fiskalvorschriften in ein anderes Land transferiert wird.
Forderungen gegenüber Kunden	Umfassen eine Vielzahl von Kreditarten, wie kommerzielle Kredite, Baukredite, feste Vorschüsse, Darlehen usw. Forderungen gegenüber Bankkunden lassen sich nach Kundensegmenten einteilen.
Gegenparteirisiko	Verlust, den die Bank im Falle der **25**Zahlungsunfähigkeit eines Geschäftspartners erleiden würde (Kreditrisiko).
Geldmenge	Bestand an Bar- und Buchgeld in einer Volkswirtschaft. Die **134**SNB orientierte sich bis 1999 zur Steuerung der Geldmenge an der bereinigten Notenbank-Geldmenge.
Geldpolitik	Massnahmen, mit denen die Zentralbanken die Zinsen am **29**Geldmarkt (**129**Leitzinsen) und damit die Geldversorgung eines Landes oder Währungsprogramms steuern.

Die meisten Zentralbanken, so auch die 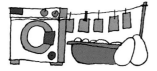**134**SNB, sind bestrebt, die Preise stabil zu halten (**31**Inflation, **25**Deflation) und der Wirtschaft ein Wachstum zu ermöglichen.

Geldwäscherei   Vermögenswerte einer Verbrecherorganisation werden systematisch in den Finanzkreislauf eingespeist, um sie dem Zugriff der Strafverfolgungsorgane zu entziehen. Das **124**Geldwäschereigesetz und die **136**VSB dienen der Bekämpfung der Geldwäscherei.

Geldwäschereigesetz   1998 in Kraft getretenes Gesetz, das verhindern soll, dass Gelder krimineller Herkunft von Schweizer **122**Finanzintermediären verwaltet werden. Dazu wurden die **128**Kontrollstelle für die Bekämpfung der Geldwäscherei sowie die **130**Meldestelle für Geldwäscherei geschaffen. Für die Überwachung der Banken und Fondsgesellschaften ist die **118**EBK, für diejenige der Versicherungen das Bundesamt für Privatversicherungswesen zuständig.

Geschäftsaufwand   Setzt sich zusammen aus dem Personalaufwand und dem Sachaufwand (vgl. Tabelle Seite 120).

Glass-Steagall Act   Amerikanisches Bundesgesetz, das die Trennung von **123**Commercial- und **126**Investmentbanken anordnete. Das von den Geschäftsbanken als Wettbewerbsnachteil empfundene **136**Trennbankensystem wurde in den USA 1999 abgeschafft.

Global custody   Umfassendes Dienstleistungsangebot zur Bewirtschaftung grosser, weltweit diversifizierter **139**Wertschriftenportefeuilles. **60**Institutionellen Anlegern soll damit eine effiziente und transparente Organisation der Wertschriftenverwaltung zur Verfügung stehen.

Goldene Bankregel	Besagt, dass Fälligkeiten von ⬛142 Aktiven und ⬛156 Passiven sowie Fristen von Einlagen und Ausleihungen einer Bank übereinstimmen sollten.
Greenback	Populärer Ausdruck für den amerikanischen Dollar, wegen der grünen Färbung der Dollarnote.
Grossbanken	In der Schweiz CS Group und UBS. Sie sind mit Anteilen von über 50% an der Bilanzsumme und rund 80% an der ⬛145 Börsenkapitalisierung aller Schweizer Bankaktien die bedeutendste Bankengruppe. International gehören sie zu den grössten Banken der Welt.
Handelsbestände in Wertschriften	Sie werden zu Marktpreisen (Jahresschlusskurse) bilanziert. ⬛159 Rückstellungen für Marktpreisschwankungen des ⬛139 Wertschriftenportefeuilles werden separat unter der Position ⬛138 Wertberichtigungen und Rückstellungen in der Bankbilanz aufgeführt.
Hypothekargeschäft	Umfasst alle Finanzierungsgeschäfte der Banken, die dem Kauf von Liegenschaften dienen und die durch ein Grundpfand gedeckt sind (⬛122 Festhypothek, ⬛137 variable Hypothek).
Indifferente Bankgeschäfte	Geschäfte, die in der Bankbilanz keinen Niederschlag finden, wohl aber in der ⬛149 Erfolgsrechnung. Beispiele sind das ⬛119 Handelsgeschäft, die ⬛113 Anlageberatung und die ⬛138 Vermögensverwaltung.
Individualkundengeschäft, Retail banking	Bankgeschäft mit der breiten Bevölkerung. Es erfordert ein standardisiertes, wenig erklärungsbedürftiges Produkt- und Dienstleistungsangebot in den Bereichen Baukredite, ⬛125 Hypotheken, Kleinkredite, Sparen, ⬛113 Anlageberatung und ⬛138 Vermögensverwaltung.

Inspektorat

Die interne Revision wird durch Mitarbeiter der Bank selbst ausgeführt. Das Inspektorat ist direkt dem Verwaltungsrat unterstellt und gewährt dadurch die Unabhängigkeit von der Geschäftsleitung.

Instrumentarium der EBK

Zur Durchsetzung ihrer Aufgabe bedient sich die **118**EBK unterschiedlicher Massnahmen, wie Verfügungen (z. B. Bewilligung zur Aufnahme der Geschäftstätigkeit), Empfehlungen (Behebung kleinerer Gesetzesabweichungen) und Rundschreiben (Konkretisierung des Gesetzes).

Interbankengeschäft

Umfasst die zwischen den Banken direkt abgewickelten Kredite und Einlagen. In der **144**Bilanz wird das Interbankengeschäft unter den Forderungen und Verpflichtungen gegenüber Banken ausgewiesen.

Internationaler Währungsfonds, International Monetary Fund IWF

Wurde wie die **136**Weltbank 1944 in Bretton Woods (USA) gegründet. Mitglieder sind die Regierungen. Der IWF fördert die internationale währungspolitische Zusammenarbeit und stellt den Mitgliedern vorübergehend finanzielle Mittel zur Verfügung.

Internationales Zahlungssystem Swift

Im Gegensatz zum Clearing-System **136**SIC handelt es sich bei dem von der Society for Worldwide Interbank Financial Telecommunication (Swift) betriebenen System um ein computergesteuertes Kommunikationsnetz, über das Meldungen für den internationalen Zahlungsverkehr übermittelt werden können.

Investment banking

Dazu zählen das **119**Emissionsgeschäft, das **119**Handelsgeschäft mit Effekten, **116**Devisen, **118**Edelmetallen und **77**derivativen Instrumenten, das **133**Repo-Geschäft sowie die **137**Unternehmensfinanzierung (Corporate finance), einschliesslich **130**Mergers & Acquisitions.

Kantonalbanken Grösstenteils öffentlich-rechtliche Institute mit eigener Rechtspersönlichkeit. Für ihre Verbindlichkeiten haftet in der Regel der Kanton (Staatsgarantie), der das 107 Dotationskapital meist gegen eine Gewinnablieferung zur Verfügung stellt. Gemäss dem Bankengesetz sind alle Kantonalbanken der Aufsicht der 113 EBK unterstellt. Auf die Staatsgarantie als Begriffsmerkmal wurde verzichtet. Mindestens ein Drittel des Grundkapitals muss der Kanton stellen.

Kapitaldeckungsverfahren Finanzierungsverfahren von Versicherungen und Personalvorsorgeeinrichtungen, bei dem mit den Beiträgen jedes Versicherten das Kapital angesammelt wird, das für die spätere Erbringung der versicherten Leistungen erforderlich ist. Gegensatz: 137 Umlageverfahren.

Kapitalversicherung 129 Lebensversicherung, bei der die Leistung in der Auszahlung eines festgelegten Kapitalbetrags besteht.

Klumpenrisiko Übermässige Kreditgewährung an einen einzelnen Bankkunden (Aktivklumpenrisiko) oder Gefahr eines massiven Liquiditätsabflusses durch die Verlagerung von vielen Kleingläubigern zu wenigen, institutionellen Investoren (Passivklumpenrisiko).

Kollektivversicherung Versicherungsverträge für eine Personengemeinschaft, z. B. für das Personal von Unternehmen oder die Mitglieder eines Verbands. Gegensatz: 119 Einzelversicherung.

Kollokationsplan Durch die Konkursverwaltung oder das Betreibungsamt aufgestellter Plan für die Rangordnung der Gläubiger.

Konkurs Zwangsweise Auflösung des Gesamtvermögens eines im Handelsregister eingetragenen Schuldners infolge 25 Zahlungsunfähigkeit. Darauf erfolgt die Verteilung des Liquidationserlöses an die Gläubiger.

Konkursprivileg	Vorzugsstellung bei der Einteilung von ▮127▮Konkursforderungen in verschiedene Klassen. Gemäss ▮114▮Bankengesetz werden Spareinlagen und Lohnkonten je Gläubiger bis zu 30 000 Fr. einer besonderen Klasse zwischen der zweiten und der dritten Klasse zugewiesen.
Kontraktvolumen	Als Kontraktvolumen gilt die Forderungsseite der den ▮77▮derivativen Finanzinstrumenten zugrunde liegenden ▮73▮Basiswerte. Massgebend sind somit alle Forderungen, die einer Bank am Bilanzstichtag aus der Erfüllung aller offenen Geschäfte mit Derivaten erwachsen werden.
Kontrollstelle für die Bekämpfung der Geldwäscherei	Beaufsichtigt gemäss dem ▮124▮Geldwäschereigesetz die ihr direkt unterstellten oder in ▮134▮Selbstregulierungsorganisationen zusammengeschlossenen ▮122▮Finanzintermediäre bezüglich der Einhaltung der ihnen auferlegten ▮135▮Sorgfaltspflichten.
Kostensatz, Expense ratio	Umfasst die Summe aus Provisionen, Verwaltungsaufwand, Aufwand für Überschuss- und Gewinnanteile, sonstigem versicherungstechnischem Aufwand und Ertrag im Verhältnis zu den gezeichneten Nettoprämien. Der Kostensatz hat vor allem Bedeutung in der Beurteilung des Nichtlebengeschäfts.
Kundengelder	Setzen sich zusammen aus den Verpflichtungen gegenüber Kunden in Spar- und Anlageform, den übrigen Verpflichtungen gegenüber Kunden (Kontokorrentkonten, ▮122▮Festgelder) und den ▮33▮Kassenobligationen.
Länderrisiko	Ist besonders dann zu beachten, wenn ein Land aus politischen oder wirtschaftlichen Gründen (z. B. Zahlungsschwierigkeiten) den Kapitalverkehr mit dem Ausland einschränkt.

Leasing Vermietung von Industrieanlagen und Investitionsgütern, wobei als Vermieter die Hersteller, beim Leasing im engeren Sinne (Finanzierungs-Leasing) besondere Leasing-Gesellschaften auftreten. Das Leasing ermöglicht eine die 155 Liquidität schonende mittel- bis langfristige Finanzierung der Investitionstätigkeit.

Lebensversicherung Versicherung gegen die wirtschaftlichen Risiken bei vorzeitigem Tod oder im Erlebensfall. Sie kann auch Sparcharakter haben. Die Lebensversicherungspolice ist eine Urkunde, die den Abschluss eines Lebensversicherungsvertrags bestätigt. Sie hat keinen 47 Wertpapiercharakter, da die Versicherungspolice nur Beweisfunktion hat.

Leitzinsen Zinssätze der Zentralbanken zur Geldmengensteuerung mit Signalwirkung für die 123 Geldpolitik, in den USA 121 Fed Funds genannt. Die 134 SNB verwendet ein Zielband im Dreimonatssatz 35 Libor.

Liquiditätsvorschriften Banken haben Mindestvorschriften für die Liquiditätsvorsorge zu erfüllen, die sich auf die Kassenliquidität und die Gesamtliquidität beziehen. Die Liquiditätsberechnung muss wie die 118 Eigenmittelunterlegung auf konsolidierter Basis erfolgen (155 Liquidität).

Lombardkredit Bankkredit gegen die Verpfändung von 47 Wertpapieren. Der für derartige Kredite verwendete Zinssatz wird als 129 Lombardsatz bezeichnet.

Lombardsatz 1. Zinssatz für 129 Lombardkredite, welche die 134 SNB den Geschäftsbanken für lombardfähige Werte gewährt. 2. Zinssatz, den die Geschäftsbanken gegenüber ihren Kunden für Lombardkredite anwenden.

Marge	1. Differenz zwischen den Aktiv- und den Passivzinssätzen einer Bank (**139**Zinsmarge). 2. Differenz zwischen dem **58**Geld- und dem **55**Briefkurs (**42**Spread) eines **47**Wertpapiers. 3. Bareinschuss (**78**Initial margin, **95**Variation margin) bei **79**Futures.
Meldestelle für Geldwäscherei	Verarbeitet die aufgrund der Meldepflicht im **124**Geldwäschereigesetz von **122**Finanzintermediären direkt, über **134**SRO oder die **128**Kontrollstelle für die Bekämpfung der Geldwäscherei eingegangenen Verdachtsmeldungen und führt die Tatbestände bei Erhärtung des Verdachts den Strafverfolgungsbehörden zu.
Merchant banking	Erwerb von **144**Beteiligungen an Unternehmen mit dem Ziel, sie nach einigen Jahren mit Wertsteigerung weiterzuverkaufen.
Mergers & Acquisitions	Beratung, Vermittlung und Finanzierung von Unternehmenskäufen und -verkäufen (**29**Fusionen und Übernahmen). Das Geschäft wird von Investmentbanken, aber auch von Beratungsunternehmen durchgeführt.
Neubewertungsreserve	Differenz zwischen Markt- und Bilanzwert von **20**Aktien, Anteilen an **100**Anlagefonds und Liegenschaften, die nach Abzug latenter Steuern erfolgsneutral dem **149**Eigenkapital einer Versicherung zugewiesen wird.
Offshore-Finanzplätze	Allgemein gebräuchliche Bezeichnung für international ausgerichtete Finanzplätze, die von Reglementierungen weitgehend frei sind und für ausländische **51**Anleger und finanzielle Institutionen besondere Vorteile bieten, z. B. Bahamas, Cayman Islands, Panama.

Operationelle Risiken Gefahr von unmittelbaren oder mittelbaren Verlusten, die infolge der Unangemessenheit oder des Versagens von Menschen, internen Verfahren und Systemen oder infolge von externen Ereignissen eintreten. Da diese Art des Risikos schwer fassbar und unternehmensspezifisch ist, stellt ihre Ermittlung und Messung eine grosse Herausforderung in der Neuregelung der Eigenkapitalanforderungen (**114** Basel II) dar.

Organkredite Forderungen gegenüber Mitgliedern des Verwaltungsrates, der Geschäftsleitung sowie der Revisionsstelle und den je von diesen beherrschten Gesellschaften.

Outsourcing Ausgliederung von nicht unmittelbar zur Geschäftstätigkeit gehörenden Dienstleistungen. Im Bankbereich spielt das Outsourcing der Informatik eine grosse Rolle.

Parabank Institut, das bankenähnliche Dienstleistungen wie z. B. **138** Vermögensverwaltung und Kreditvermittlung anbietet, aber über keine Banklizenz verfügt und somit den Aufsichtsbehörden nicht unterstellt ist.

Passivgeschäft Besteht in der Entgegennahme von **128** Kundengeldern (Spargeldern) sowie der Ausgabe von **33** Kassen- und **37** Anleihensobligationen durch die Bank. Gegenstück: **112** Aktivgeschäft.

Prämien, brutto und netto Die Bruttoprämien sind die Summe der von einer Versicherungsgesellschaft während einer Geschäftsperiode verbuchten Prämien. Nach Abzug der für die Rückversicherung zu bezahlenden Prämien ergeben sich die Nettoprämien oder Prämien für eigene Rechnung.

Prämien, verdiente Die dem Geschäftsjahr zuzurechnenden Prämien, die sich aus den Nettoprämien, abzüglich der Veränderungen der **132** Prämienüberträge, berechnen.

Prämienüberträge

Die Versicherungsperiode, für welche die **131** Prämie im Voraus bezahlt wird, stimmt in vielen Verträgen nicht mit dem Geschäftsjahr überein. Der Prämienteil für die in das folgende Jahr fallende Versicherungsperiode ist im Rechnungsjahr noch nicht verdient und wird deshalb als Prämienübertrag unter den technischen **159** Rückstellungen verbucht.

Privatbankiers

Haften persönlich mit ihrem Vermögen für die Verbindlichkeiten ihrer Bank. Die Bezeichnung Privatbankier beschränkt sich deshalb auf Banken in der Rechtsform der Einzelfirma, der Kollektiv-, der Kommanditgesellschaft oder der Kommanditaktiengesellschaft.

Private banking

Umfasst die **113** Anlageberatung und die **138** Vermögensverwaltung für eine internationale Privatkundschaft. Das Private banking wird ergänzt durch das **60** institutionelle Anlagekundengeschäft.

Raiffeisenbanken

Darlehenskassen mit lokalem Geschäftskreis, die auf genossenschaftlicher Basis geführt werden. Die Raiffeisenbanken verfügen über das dichteste Niederlassungsnetz in der Schweiz und sind im Raiffeisenverband zusammengeschlossen.

Regionalbanken

Pflegen vor allem das Kreditgeschäft, aber auch **125** indifferente Bankgeschäfte. Ihr Geschäftsradius beschränkt sich auf ein regionales Einzugsgebiet. Die meisten Regionalbanken haben sich in einem Verband, der RBA Holding, zusammengeschlossen.

Rentenversicherung

129 Lebensversicherung, bei der die Versicherungsleistung in der Form von vertraglich festgelegten, periodischen Rentenzahlungen erfolgt.

Repo-Geschäft,
Repo-Satz

Verkauf von Wertpapieren mit gleichzeitigem Rückkauf auf Termin. Für das so gewährte und gesicherte Darlehen wird ein Zins, der Repo-Satz, entrichtet. Die **134** SNB benutzt das **123** geldpolitische Instrument seit 1998. Im Interbankenmarkt wird es zur Liquiditätsbewirtschaftung (**129** Liquiditätsvorschriften) eingesetzt.

Reserven für allgemeine
Bankrisiken

157 Reserven zur Absicherung gegen noch nicht bestimmbare Geschäftsrisiken. Die Bildung/Auflösung der Reserven für allgemeine Bankrisiken erfolgt über den ausserordentlichen Aufwand/Ertrag.

Retrozession

Anteile des von einer Rückversicherungsgesellschaft an andere Rückversicherer abgegebenen Geschäfts.

Risk management,
Risikomanagement

Führungsinstrument zur umfassenden und systematischen Identifikation von **158** Risiken auf der Grundlage wirtschaftlicher und statistischer Kenntnisse. Risikoformen sind **112** Abwicklungsrisiko, **116** Delkredererisiko, **123** Gegenparteirisiko, **127** Klumpenrisiko, **128** Länderrisiko, **156** Marktrisiko, **139** Zinsänderungsrisiko.

Rückstellungspolitik der Banken

Die Banken bilden **159** Rückstellungen vor allem für Risiken im Kreditgeschäft und im **116** Devisengeschäft. Für konkrete Risiken bestimmter Forderungen werden entsprechende Einzelrückstellungen gemacht, und durch allgemeine **116** Delkredererückstellungen werden latente Gefahren berücksichtigt.

Rückstellungssatz,
Technical provision ratio

Versicherungstechnische **159** Rückstellungen im Verhältnis zu den **131** verdienten Nettoprämien.

Rückversicherung

Rückversicherer übernehmen Risiken der **120** Erstversicherer. Sie bedienen sich dabei immer häufiger Methoden des **113** Alternative Risk Transfer.

Sachanlagen   Betriebsnotwendige Bankgebäude und Liegenschaften werden zu den Anschaffungskosten, zuzüglich der wertvermehrenden Investitionen, abzüglich der aufgelaufenen Abschreibungen, bilanziert.

Schadensatz, Claims ratio   Umfasst die Summe aus bezahlten Versicherungsleistungen, die Veränderung der Schadenrückstellung, die Veränderung des Deckungskapitals und die Veränderung der übrigen versicherungstechnischen Rückstellungen im Verhältnis zu den verdienten Nettoprämien. Der Schadensatz dient zur Beurteilung des Leben- und Nichtlebengeschäfts.

Schweizerische Bankiervereinigung SBVg   Wirtschaftsverband der Schweizer Banken mit Sitz in Basel. Er setzt sich zur Aufgabe, die Marktentwicklungen zu erkennen und die notwendigen Anpassungen der Rahmenbedingungen auf politischer Ebene durchzusetzen.

Schweizerische Nationalbank SNB   Notenbank der Schweiz. Ihr obliegen die Regelung des Geldumlaufs, die Erleichterung des Zahlungsverkehrs sowie die Führung einer den Gesamtinteressen des Landes dienenden Geld- und Währungspolitik. Die SNB ist als spezialrechtliche AG organisiert.

Securities lending and borrowing   Ausleihe von Wertpapieren auf eine bestimmte oder unbestimmte Frist gegen eine Kommission und Sicherheiten.

Securitization   Tendenz an den Finanzmärkten, Forderungen vermehrt in der Form handelbarer Wertpapiere zu verbriefen.

Selbstregulierungsorganisation SRO   Um den Sorgfaltspflichten nachzukommen, müssen sich Finanzintermediäre, die nicht einer anderen behördlichen Aufsicht unterstehen, entweder einer privat organisierten SRO anschliessen oder direkt der Kontrollstelle für die Bekämpfung der Geldwäscherei unterstellen lassen. Die aktuell zwölf von der Kontrollstelle anerkannten, v. a. verbands- und branchenspezifischen SRO sind auch zur Sicherstellung der Fachkenntnisse ihrer Mitglieder verpflichtet.

Solvabilitätsspanne,
Risk based capital

Wird im Versicherungsgeschäft als Verhältnis des [137] Eigenkapitals (inklusive Drittaktionäre) zu den [131] Nettoprämien ermittelt. In den USA wird der gesellschaftsspezifischere Ansatz des Risk based capital verwendet.

Sonderrückstellungen

Zur Bereinigung der Altlasten im inländischen Kreditgeschäft haben die [125] Grossbanken Sonderrückstellungen bzw. Schwankungsreserven für [123] Kreditrisiken gebildet. Sie dienen dazu, die Schwankungen des tatsächlichen jährlichen Einzelrückstellungsbedarfs um den statistisch erwarteten Mittelwert auszugleichen.

Sonstige Aktiven und Passiven

In dieser Position werden die Salden aus dem bankinternen Geschäftsverkehr sowie die positiven und negativen [139] Wiederbeschaffungswerte aus der Handelstätigkeit mit [77] derivativen Finanzinstrumenten bilanziert.

Sorgfaltspflichten
der Finanzintermediäre

Gemäss [124] Geldwäschereigesetz sind [122] Finanzintermediäre verpflichtet, mit der Aufnahme von Geschäftsbeziehungen die Vertragspartei zu identifizieren und die wirtschaftlich berechtigte Person festzustellen. Erscheint eine Geldtransaktion als ungewöhnlich, oder liegen Anhaltspunkte auf verbrecherischen Ursprung der Vermögenswerte vor, sind Zweck und Hintergrund abzuklären, und bei Verdachtsmomenten ist die [130] Meldestelle für Geldwäscherei zu informieren. Die Vermögenswerte sind zu sperren. Weitere Pflichten sind die Dokumentation der Transaktionen und die Sicherstellung interner Kontrolle und Ausbildung.

Sorgfaltspflichtvereinbarung VSB

Will den Missbrauch des 114 Bankgeheimnisses verhindern. Die Vereinbarung über die Standesregeln zur Sorgfaltspflicht der Banken (VSB) regelt die Pflichten im Bereich der Kundenidentifikation sowie bei der Feststellung der 139 wirtschaftlich Berechtigten an Konten und Depots. Die VSB verbietet die aktive Hilfe zur Kapitalflucht oder Steuerhinterziehung. Sie wird per Mitte 2003 an die neue Geldwäscherei-Verordnung der 118 EBK und dadurch an die schärferen 135 Sorgfaltspflichten der Finanzintermediäre angepasst.

Swiss Interbank Clearing SIC, Interbank-Clearing-System

Ermöglicht einen rationellen und automatisierten Zahlungsverkehr (online) im Zahlungssystem der Schweizer Banken.

Technischer Deckungsgrad

Zeigt im Nichtlebengeschäft das Verhältnis der technischen 159 Rückstellungen zu den 131 verdienten Nettoprämien.

Technischer Ergebnissatz, Operating ratio

Entspricht dem 116 Combined ratio, korrigiert um die Gutschrift technischer Zinserträge, d. h. technischer Zinsertrag im Verhältnis zu den 131 verdienten Nettoprämien.

Telekurs

Gemeinschaftswerk der Schweizer Banken zur Abwicklung des Zahlungsverkehrs unter den Banken (136 SIC) sowie der Übermittlung von Börsenkursen und Finanzinformationen. Daneben fördert Telekurs bzw. die Tochter Europay den bargeldlosen Zahlungsverkehr.

Trennbankensystem

Bankensystem in den USA (bis 1999 124 Glass-Steagall Act), in Grossbritannien und Japan, das eine Trennung der Geschäftsbereiche in einzelne Institute vorschreibt. Gegensatz: 137 Universalbanken.

Treuhandgeschäfte	Umfasst Anlagen, Kredite und Beteiligungen, welche die Bank im eigenen Namen, jedoch aufgrund eines schriftlichen Auftrags ausschliesslich auf Rechnung und Gefahr des Kunden tätigt oder gewährt.
Übriger ordentlicher Erfolg	Summe des Erfolgs aus der Veräusserung von ▪122▪Finanzanlagen, dem ▪132▪Beteiligungsertrag, dem Liegenschaftenerfolg und dem anderen ordentlichen Erfolg.
Umlageverfahren	Finanzierungsverfahren für Personalvorsorgeeinrichtungen, bei dem die aktiv Erwerbstätigen mit ihren Beiträgen die in der gleichen Periode anfallenden Leistungen zugunsten der heutigen Rentenbezüger bezahlen. Gegensatz: ▪127▪Kapitaldeckungsverfahren.
Universalbanken	Banken, die grundsätzlich alle Sparten des Bankgeschäfts betreiben. Während die Schweizer ▪125▪Grossbanken im Inland als Universalbanken auch das ▪125▪Retail banking betreiben, treten sie im Ausland v. a. im ▪139▪Wholesale banking in Erscheinung. Gegensatz: ▪136▪Trennbankensystem.
Unternehmensfinanzierung, Corporate finance	Befasst sich mit der Beschaffung der notwendigen kurz- bis langfristigen finanziellen Mittel. Die Banken beraten dabei die Gesellschaften hinsichtlich ihrer optimalen Kapitalstruktur (▪122▪Financial engineering).
Variable Hypothek	Im Gegensatz zur ▪122▪Festhypothek wird der Hypothekarsatz den Marktschwankungen angepasst.
Variabler Zinssatz	Ein während der ▪34▪Laufzeit eines Kredits oder einer ▪21▪Anleihe veränderlicher Zinssatz, der sich z. B. am ▪35▪Libor ausrichtet.

Vermögensverwaltung, Geschäftsbereich, in dem die Banken die gesamten Ver-
Asset management mögenswerte von privaten und 60 institutionellen Kunden aktiv selbst betreuen. Dazu gehört auch das Angebot
von 100 Anlagefonds. Gegensatz: 113 Anlageberatung.

Vermögensverwaltungsbanken Publikumsgesellschaften oder 132 Privatbanken, welche
schwergewichtig die 138 Vermögensverwaltung betrei-
ben.

Versicherungstechnisches Ergebnis der Versicherungstätigkeit unter Berücksichti-
Ergebnis gung des technischen Zinsertrags und anteiliger Verwal-
tungskosten.

Wagniskapital, Venture capital Spezielle 137 Unternehmensfinanzierung von neu gegründeten Gesellschaften mit entsprechend grossem Ka-
pitalbedarf. Mangels Sicherheiten ist eine herkömmli-
che Finanzierung oft nicht möglich.

Währungsanbindung, Die eigene Währung wird mit einem festen Verhältnis
Currency board an eine fremde Valuta gekoppelt (Peg). Damit wird die
123 Geldpolitik des anderen Staates übernommen. Bei-
spiel: Anbindung des Hongkong-Dollars an den US-Dollar.

Weltbank, International Bank Wie der 126 IWF 1944 in den USA gegründete internationa-
for Reconstruction and le Organisation mit rund 180 Mitgliedländern. Sie fördert
Development IBRD durch mittel- und langfristige Kreditgewährung Projekte
in der Landwirtschaft, Industrie und im Dienstleistungs-
bereich von Entwicklungsländern.

Wertberichtigungen Position in der Bankbilanz, welche die nicht direkt von
und Rückstellungen den 142 Aktiven abgezogenen Wertberichtigungen und
Rückstellungen für Ausfallrisiken (116 Delkredererisi-
ko und 128 Länderrisiko) sowie andere Geschäftsrisiken
(156 Marktrisiko, 112 Abwicklungsrisiko, 155 Liquiditätsrisiko) enthält.

Wertschriftenportefeuille   Gesamtheit der von einer Bank verwalteten **47**Wertpapiere bzw. Wertschriftenanlagen eines einzelnen Kunden.

Wholesale banking   Grosskundengeschäft einer Bank. Dazu zählen das Kredit- und Wertpapiergeschäft, die **138**Vermögensverwaltung sowie die Geld- und **116**Devisentransaktionen für Grossunternehmen und Banken. Gegensatz: **125**Retail banking.

Wiederbeschaffungswert   Preis, den die Bank am Markt bezahlen müsste, um bei Ausfall einer Gegenpartei ein entsprechendes Ersatzgeschäft abzuschliessen. Als zuverlässigstes Mass für **123**Kreditrisiken aus **77**Derivativgeschäften gilt der laufende Wiederbeschaffungswert eines Kontrakts.

Wirtschaftlich Berechtigter   Die **136**Sorgfaltspflichtvereinbarung verlangt bei einer Kontoeröffnung die Identifikation des Verwahrungspartners und die Feststellung des wirtschaftlich Berechtigten.

Zinsänderungsrisiko   Die schwergewichtig im Bilanzgeschäft tätigen Banken sind primär Zinsänderungsrisiken (Marktrisiken) ausgesetzt. Zur Risikobegrenzung werden im **133**Risikomanagement neben der Steuerung des Bilanzgeschäfts (**115**ALM) auch **97**Zinssatz-Swaps und -Optionen eingesetzt.

Zinsmarge   Differenz zwischen den Zinsen aus dem **112**Aktivgeschäft und dem **131**Passivgeschäft einer Bank. Die **130**Marge ist für das Unternehmen im Vergleich zur absoluten Höhe der Zinssätze von vorrangiger Bedeutung.

Abschreibung 142
Adjustierung 142
Aktienbewertung 142
Aktiven 142
Anlagevermögen 142
Annuität 142
Arbitrage pricing theory 143
Asset stripping 143
Aufwand-Ertrags-Verhältnis 143
Beta 143
Beteiligungen 144
Betriebliches Ergebnis 144
Bilanz 144
Bilanzanalyse 145
Börsenkapitalisierung 145
Bruttogewinn 145
Bruttorendite 145
Buchgewinn, Buchverlust 145
Buchwert 146
Budget 146
Burn rate 146
Capital asset pricing model 147
Cash drain 147
Cash-flow 147
Deutsche Methode 147
Discounted-Cash-flow-
  Methode 147
Diversifikation 148
Due diligence 148
Economic value added 148
Eigenfinanzierung 148
Eigenkapital 149
Eigenkapitalquote 149
Eigenkapitalrendite 149
Equity-Methode 149
Erfolgsrechnung 149
Ertragswert 150
Fachempfehlungen
  zur Rechnungslegung 150
Free Cash-flow 150
Free float 151
Fremdkapital 151
Gearing 151
Gewinn pro Aktie 151
Gewinnausschüttungsquote 151
Goodwill 151
Immobilienbewertung 152
Indexberechnung 152
Innerer Wert einer Aktie 153

International accounting
  standards IAS 153
Kapitalwert 154
Konsolidierung 154
Konzernrechnung 154
Korrelation 154
Kurs-Buchwert-Verhältnis 154
Kurs-Gewinn-Verhältnis 154
Kurs-Umsatz-Verhältnis 155
Leverage-Effekt 155
Liquidität 155
Markowitz-Modell 156
Marktrisiko 156
Mittelflussrechnung 156
Nettoverschuldung 156
Niederstwertprinzip 156
Passiven 156
Price-earnings to growth ratio ... 156
Purchase-Methode 157
Quotenkonsolidierung 157
Rechnungsabgrenzungen 157
Rendite 157
Reserven 157
Reserven, freiwillige 158
Reserven, gesetzliche 158
Reserven, stille 158
Risiko 158
Risikoprämie 158
Rückstellungen 159
Segmentinformation 159
Sharpe ratio 159
Standardabweichung 159
Steuerkurs 159
Substanzwert 160
Systematisches Risiko 160
Total return 160
True and fair view 160
Umlaufvermögen 160
Unsystematisches Risiko 160
Unternehmensbewertung 161
Unternehmenswert 161
US-Gaap 161
Value at risk 161
Varianz 161
Verkehrswert 161
Volatilität 161
Wertberichtigung 162
Window dressing 162
Zinseszins 162

Abschreibung Berücksichtigung der technisch und wirtschaftlich bedingten Wertverminderung von bilanzierten 142 Aktiven durch Herabsetzen des 146 Buchwerts zu Lasten der Jahresrechnung.

Adjustierung Korrektur der Kennzahlen je 20 Aktie und der Kurse nach 32 Kapitalerhöhungen, 20 Aktiensplits und Kapitalzusammenlegungen. Dadurch wird die Vergleichbarkeit mit den historischen Datenreihen aufrechterhalten.

Aktienbewertung Die wichtigsten in der 69 Wertschriftenanalyse verwendeten Kennzahlen zur Aktienbewertung sind die 157 Dividendenrendite, das auf dem Gewinn pro Aktie basierende 154 Kurs-Gewinn-Verhältnis, die 156 Price-earnings to growth ratio, das Kurs-Cash-flow-Verhältnis, das Kurs-Buchwert-Verhältnis und das 155 Kurs-Umsatz-Verhältnis.

Aktiven In der 144 Bilanz aufgeführte Vermögenswerte eines Unternehmens (verfügbare Mittel, Guthaben, Vorräte, Anlagen, 144 Beteiligungen usw.). Gegensatz: 156 Passiven.

Anlagevermögen Die dem dauernden Gebrauch dienenden Vermögenswerte eines Unternehmens, wie Grundstücke, Maschinen, Mobiliar, Werkzeuge, aber auch gewisse immaterielle Werte (Patente, Verfahren, Lizenzen) und dauernde 144 Beteiligungen.

Annuität Aus Tilgungsanteil und Zins bestehende jährliche Aufwendung eines Schuldners, die gemäss dem Prinzip der Annuitätenrechnung während der ganzen Tilgungsperiode unverändert bleibt. Dabei nimmt der zu leistende Zins schrittweise ab, die Tilgungsquote dagegen zu (vgl. Tabelle Seite 143).

Annuität

Eckdaten

Kredit	100 000 Fr.
Laufzeit	5 Jahre
Zinssatz	8%

Tilgung und Verzinsung in fünf gleichen Jahresannuitäten

Annuität	= 100 000 Fr. x Wiedergewinnungsfaktor (5 Jahre, 8%)
	= 100 000 Fr. x 0,25046
	= 25 046 Fr.
Tilgung	= Annuität – Zinsen

Jahr	Zinsen	Annuität	Tilgung	Restschuld
0	–	–	–	100 000
1	8 000	25 046	17 046	82 954
2	6 636	25 046	18 410	64 544
3	5 164	25 046	19 882	44 662
4	3 573	25 046	21 473	23 189
5	1 855	25 046	23 191	–2
Total	**25 228**	**125 230**	**100 002**	**–**

Arbitrage pricing theory APT Während im ▊147 CAPM davon ausgegangen wird, dass das ▊160 systematische Risiko nur durch den einen Faktor ▊143 Beta (▊156 Marktrisiko) ausgedrückt wird, liegen der APT mehrere Risikofaktoren zugrunde.

Asset stripping Aufteilung eines übernommenen Unternehmens durch Verkauf von Teilbereichen oder Vermögenswerten.

Aufwand-Ertrags-Verhältnis, Cost-income ratio Spiegelt die Wirtschaftlichkeit eines Unternehmens (Geschäftsaufwand brutto/netto in Prozent des Betriebsertrags).

Beta Masszahl zur Beurteilung der Sensitivität einer ▊20 Aktie bzw. eines ▊139 Portefeuilles gegenüber dem Gesamtmarkt. Ein Beta von 0,5 bedeutet beispielsweise, dass eine Erhöhung des Marktes um 10% einen Kursanstieg von 5% der betreffenden Aktie bewirken sollte. Ist das Beta grösser als 1, so schwankt die Aktie stärker als der Gesamtmarkt.

Beteiligungen Langfristige, kapitalmässige Interessennahme an anderen Unternehmen, bei der die wirtschaftliche Einflussnahme oder ähnliche Zielsetzungen im Vordergrund stehen. Die Bewertung von Beteiligungen erfolgt höchstens zum Einstandspreis.

Betriebliches Ergebnis Ebitda, Ebita, Ebit und Ebt Ebt (Earnings before taxes; Gewinn vor Steuern), Ebit (Earnings before interest and taxes; Gewinn vor Zinsen und Steuern), Ebita (Ebit vor Goodwill-Abschreibung) und Ebitda (Earnings before interest, taxes, depreciation and amortization; Betriebsgewinn vor Zinsen, Steuern, Abschreibungen und Amortisationen) zeigen die operative Rentabilität besser auf als der publizierte Nettogewinn. Dieser kann ohne betriebliche Ursachen je nach Rechnungslegungsstandards, Beitrag des Finanzergebnisses («Zinsen» in obigen Definitionen) und Steuerbelastungen stark variieren. In der neueren Praxis werden nicht weitergeführte Aktivitäten meist aus den betrieblichen Ergebnissen herausgerechnet und fliessen als Ergebnis aufgegebener Tätigkeiten in das Nettoergebnis ein. Anderseits werden ausserordentliche Aufwendungen für Restrukturierungen oder Wertberichtigungen berücksichtigt, sofern sie betrieblich bedingt sind.

Ebitda, Ebita, Ebit und Ebt	
Betriebliches Ergebnis Ebitda	**116**
− Rückstellungen	10
− Abschreibungen (ohne Goodwill)	26
= **Betriebliches Ergebnis Ebita**	**80**
− Goodwill-Abschreibung	20
= **Betriebliches Ergebnis Ebit**	**60**
− Zinsen	15
= **Betriebliches Ergebnis Ebt**	**45**
− Steuern	3
= **Gewinn**	**42**

Bilanz Periodische Gegenüberstellung sämtlicher 142 Aktiven und 156 Passiven an einem Stichtag. Die Aktivseite gibt Aufschluss über die Verwendung der Mittel, während die

Passivseite über die Beschaffung der Mittel (Finanzierung) orientiert.

Bilanzanalyse

Auswertung der [144] Bilanz und der [137] Erfolgsrechnung zwecks [24] Bonitätsprüfung eines Unternehmens oder für Anlageentscheide.

Börsenkapitalisierung, Börsenwert

Marktwert ([161] Verkehrswert) eines Unternehmens. Dazu wird der Börsenkurs mit der Anzahl aller ausstehenden [20] Aktien multipliziert.

Börsenkapitalisierung

Eckdaten

Aktienstruktur:	20 000 Inhaber à 100 Fr. nom.
	15 000 Namen à 20 Fr. nom.
Kurs Inhaber:	5000 Fr.
Kurs Namen:	1000 Fr.

Börsenkapitalisierung = (Anz. Inhaber x Kurs) + (Anz. Namen x Kurs)

(20 000 x 5000 Fr.) + (15 000 x 1000 Fr.) = 115 Mio. Fr.

Bruttogewinn

Entspricht in Industrieunternehmen dem Nettoumsatzerlös abzüglich der Herstellkosten für verkaufte Waren (Umsatzkostenverfahren). Für Banken errechnet sich der Bruttogewinn aus dem [120] Erfolg des Zinsgeschäfts, dem [120] Kommissions- und Dienstleistungserfolg, dem [119] Handelserfolg und dem [137] übrigen ordentlichen Erfolg nach Abzug des [124] Geschäftsaufwands.

Bruttorendite

Ertrag von Anlagen (z. B. [47] Wertpapieren, Immobilien) ohne Berücksichtigung von allfälligen Abzügen, Kosten oder Steuerbelastungen.

Buchgewinn, Buchverlust

Differenz, die sich aus der Höherbewertung bzw. dem Verkauf von [142] Aktiven oder aus der Tieferbewertung von [156] Passiven (z. B. von [159] Rückstellungen) im Vergleich zu früheren Werten ergibt.

Buchwert, Book value

1. Wert, zu dem ein 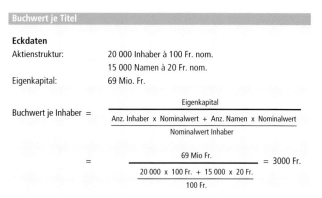*142* Aktivposten in der *144* Bilanz aufgeführt ist (Bilanzwert). Falls der Buchwert kleiner ist als der effektiv mit einem Verkauf erzielbare Wert, entspricht die Differenz einer *157* stillen Reserve.

2. Wert, der sich aus der Teilung des ausgewiesenen *149* Eigenkapitals durch die Anzahl ausstehender *20* Aktien ergibt.

Buchwert je Titel

Eckdaten

Aktienstruktur:	20 000 Inhaber à 100 Fr. nom.
	15 000 Namen à 20 Fr. nom.
Eigenkapital:	69 Mio. Fr.

$$\text{Buchwert je Inhaber} = \frac{\text{Eigenkapital}}{\frac{\text{Anz. Inhaber} \times \text{Nominalwert} + \text{Anz. Namen} \times \text{Nominalwert}}{\text{Nominalwert Inhaber}}}$$

$$= \frac{69 \text{ Mio Fr.}}{\frac{20\,000 \times 100 \text{ Fr.} + 15\,000 \times 20 \text{ Fr.}}{100 \text{ Fr.}}} = 3000 \text{ Fr.}$$

Budget

Geplante künftige Einnahmen und Ausgaben während eines bestimmten Zeitraums, z. B. während eines Jahres (Finanzbudget). Bei einem Erfolgsbudget werden die geplanten künftigen Kosten und Erlöse bzw. der geplante Aufwand und Ertrag einander gegenübergestellt.

Burn rate

Schätzgrösse zur Beurteilung der Überlebensfähigkeit von jungen, noch nicht gewinnbringend arbeitenden Unternehmen. Anhand des für die künftigen Quartale erwarteten Geldabflusses (*147* Cash drain) wird der Finanzbedarf errechnet und den häufig aus dem *63* Börsengang an einem *62* neuen Markt stammenden vorrätigen Geldmitteln gegenübergesetzt. Daraus lässt sich ersehen, wie lange die Gesellschaft ohne neues Kapital überstehen kann.

Capital asset pricing model
CAPM

Im Gegensatz zum ▣156 Markowitz-Modell lassen sich mit dem CAPM das relevante Anlagerisiko sowie die Beziehung zwischen erwarteter ▣157 Rendite und ▣158 Risiko unter der Bedingung des Marktgleichgewichts bestimmen. Das CAPM untersucht die Frage, wie hoch der erwartete Ertrag für eine ▣20 Aktie in einem diversifizierten ▣139 Portefeuille sein soll, ausgehend vom Risiko der Aktie.

Cash drain

Negativer ▣147 Cash-flow oder betrieblicher Mittelabfluss. Er entsteht, wenn der Verlust eines Unternehmens grösser ist als sein ▣142 Abschreibungs- und Rückstellungsbedarf.

Cash-flow

Selbst erwirtschafteter Mittelzufluss aus der betrieblichen Tätigkeit eines Unternehmens. Ausserordentliche Aufwendungen und Erträge sollten aus der Berechnung des Cash-flow ausgeklammert werden, ebenso extreme Veränderungen bei der Bildung oder Auflösung ▣157 stiller Reserven.

Cash-flow	
Gewinn	**42**
+ Abschreibungen	46
+ Rückstellungen	10
= **Cash-flow**	**98**

Deutsche Methode

Jährlich neue Aufrechnung des konsolidierungspflichtigen Kapitals gegen den ▣146 Buchwert der ▣144 Beteiligungen. Dadurch verändert sich die Kapitalaufrechnungsdifferenz laufend. Gegensatz: ▣157 Purchase-Methode.

Discounted-Cash-flow-Methode,
DCF-Methode

Berechnet den Zukunftserfolgswert eines Unternehmens aus den abdiskontierten künftigen ▣150 Free-Cash-flow-Strömen (vgl. Tabelle Seite 148).

DCF-Methode

Eckdaten
jährlicher Free Cash-flow: 35 Mio. Fr.
Kapitalisierungssatz: 10%
Laufzeit t: 5 Jahre

$$\text{Unternehmenswert} = \sum_{t=1}^{n} \frac{\text{Free Cash-flow}}{(1 + \text{Kapitalisierungssatz})^t}$$

$$= \frac{35}{1{,}1^1} + \frac{35}{1{,}1^2} + \frac{35}{1{,}1^3} + \frac{35}{1{,}1^4} + \frac{35}{1{,}1^5} = 133 \text{ Mio. Fr.}$$

Diversifikation Verteilung der Anlagesumme auf mehrere Anlageobjekte. Innerhalb eines Aktienmarktes führt die Diversifikation dazu, dass man titelspezifische 158 Risiken verringert und bei genügend breiter Diversifikation schliesslich nur noch das 160 systematische Risiko trägt.

Due diligence Detaillierte Prüfung und Bewertung eines potenziellen Übernahmekandidaten als Grundlage für die Akquisitionsentscheidung.

Economic value added Eva Ökonomische Wertschöpfung für die 21 Aktionäre, die das Betriebsergebnis (nach Steuern) eines Unternehmens in den Vordergrund stellt. Damit ein 21 Shareholder value entsteht, muss es, in Prozent des effektiv eingesetzten Kapitals berechnet, grösser sein als die gewichteten Kosten für das 151 Fremd- und das 149 Eigenkapital. Die Herleitung des ökonomischen Betriebsergebnisses ermöglicht branchenübergreifende Vergleiche.

Eigenfinanzierung Bereitstellung von 146 Eigenkapital eines Unternehmens, z. B. durch die Ausgabe von 20 Aktien und 37 Partizipationsscheinen. Auch das Zurückbehalten von Gewinnen (Selbstfinanzierung) gehört zur Eigenfinanzierung (vgl. Tabelle Seite 148).

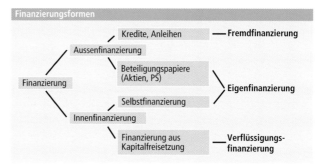

Finanzierungsformen

Eigenkapital

Der Teil des Gesamtkapitals, der den [21] Aktionären gehört und ihnen im Fall einer Geschäftsaufgabe ausbezahlt wird. Aus Sicht der Aktionäre besteht die wichtigste Aufgabe eines Unternehmens darin, auf dem Eigenkapital eine risikogerechte [157] Rendite zu erwirtschaften.

Eigenkapitalquote
Prozentualer Anteil des [149] Eigenkapitals an der Bilanzsumme. Solange die Risiken nicht zu gross werden, bevorzugen [21] Aktionäre in der Regel eine tiefe Eigenkapitalquote, da damit die [149] Eigenkapitalrendite steigt ([155] Leverage-Effekt).

Eigenkapitalrendite, Return on Equity ROE
Gewinn, ausgedrückt in Prozent des [149] Eigenkapitals. Die ROE ist eine häufig verwendete, aber wenig aussagekräftige Kennziffer, da sie stark von buchhalterischen Einflüssen wie z. B. der Abschreibungsmethode von [151] Goodwill abhängt.

Equity-Methode
Bewertungsmethode, nach der eine [144] Beteiligung zu ihrem anteiligen [149] Eigenkapital bzw. [160] Substanzwert beurteilt wird. Mit diesem Verfahren werden assoziierte Unternehmen (Beteiligungsquote 20–50%) eines [34] Konzerns erfasst.

Erfolgsrechnung

Im Gegensatz zur stichtagbezogenen Betrachtungsweise der [144] Bilanz zeigt die Erfolgsrechnung den Geschäftsverlauf eines Unternehmens über einen bestimmten Zeitraum.

Ertragswert Wert einer Kapitalanlage, der sich durch die Kapitalisierung künftiger Erträge unter Verwendung eines bestimmten Kapitalisierungszinsfusses errechnen lässt. Von besonderer Bedeutung ist der Ertragswert in der **152** Liegenschaftenbewertung. Andere Bewertungsmethode: **160** Substanzwert.

Ertragswert	
Eckdaten	
jährlicher, in Zukunft gleichbleibender Ertrag	6 Mio. Fr.
Kapitalisierungszins:	8%

$$\text{Ertragswert} \quad = \quad \frac{\text{jährlicher Ertrag x 100}}{\text{Kapitalisierungszins}} \quad = \quad \frac{6 \times 100}{8} \quad = 75 \text{ Mio. Fr.}$$

Fachempfehlungen zur Rechnungslegung, Swiss Gaap Fer Vereinheitlichung der schweizerischen Rechnungslegung durch die Fachkommission Swiss Gaap Fer. Die Einhaltung der Swiss-Gaap-Fer-Richtlinien ist eine Voraussetzung für die **60** Kotierung an der **66** SWX. International tätige Konzerne legen ihrer Rechnungsführung überwiegend **153** IAS, im Falle einer Zweitkotierung an der **62** Nyse auch **161** US-Gaap zugrunde.

Free Cash-flow Entspricht dem (zumindest theoretisch) entnahmefähigen Finanzmittelüberschuss eines Geschäftsjahres. Diese freien Mittel stehen für die Ausschüttung, für Erweiterungsinvestitionen (Akquisitionen) oder für die Rückzahlung von **151** Fremdkapital zur Verfügung.

Free Cash-flow	
Betrieblicher Cash-flow	**116**
− Zinsen	15
− Steuern	3
= **Cash-flow**	**98**
− Investitionen im Anlagevermögen	48
− Zunahme des Umlaufvermögens	15
= **Free Cash-flow**	**35**

Free float Entspricht dem Anteil des Börsenwerts, der an der [53]Börse gehandelt wird. Als nicht «free floatend» gelten Titel, die nicht kotiert sind, und solche, die von den [21]Aktionären aus besonderen Motiven langfristig gehalten werden.

Fremdkapital Auf der Passivseite der [144]Bilanz aufgeführte Forderungen Dritter.

Gearing 1. Entspricht dem Verhältnis von Nettoverschuldung zu [149]Eigenkapital. Ein Gearing von z. B. 50% drückt aus, dass die Nettoverschuldung halb so gross ist wie das Eigenkapital.
2. Kennziffer in der Optionsbewertung ([81]Hebelfaktor).

Gewinn pro Aktie,
Earnings per share EPS Wichtige Kennzahl zur [142]Aktienbewertung, die sich aus dem Unternehmensgewinn, dividiert durch die Anzahl [20]Aktien, berechnet. Gemäss [153]IAS ist der Gewinn pro Aktie auf Basis der im Jahresverlauf durchschnittlich umlaufenden Titel (ohne Titel im Eigenbesitz) zu ermitteln.

Gewinnausschüttungsquote,
Payout ratio Dient zur Beurteilung der Dividendenpolitik und der Wachstumsperspektiven eines Unternehmens.

Gewinnausschüttungsquote

Eckdaten
Dividende: 120 Fr.
Gewinn pro Aktie EPS: 380 Fr.

$$\text{Payout ratio} = \frac{\text{Dividende} \times 100}{\text{EPS}} = 32\%$$

Goodwill Differenz zwischen [145]Börsenkapitalisierung bzw. Verkaufspreis eines Unternehmens und seinem nach betriebswirtschaftlichen Kriterien ermittelten [149]Eigenkapital. Der Goodwill drückt die nicht buchhalterisch erfassten Werte wie Marktposition, Patente oder Wachstumsmöglichkeiten aus, für die in Haussephasen oft zu hohe Preise bezahlt werden, was die Abschreibungsproblematik in den Folgejahren akzentuiert. Gemäss US-Gaap darf seit 2002 im Gegensatz zu IAS Goodwill nicht mehr über eine bestimmte Zeitdauer abgeschrieben werden, sondern ist regelmässig auf seine Werthaltigkeit hin zu überprüfen. Im Falle von Wertminderungen ist eine Sonderabschreibung vorzunehmen. Die Fer-Richtlinien gewähren dagegen den Unternehmen die Wahl, mit der Erstkonsolidierung einer Akquisition den erworbenen Goodwill erfolgsneutral durch Verrechnung mit dem Eigenkapital abzuschreiben.

Immobilienbewertung, Liegenschaftenbewertung

Unterschieden wird zwischen Substanzwert (Boden- und Bauwert), Ertragswert (abdiskontierte Mietzinseinnahmen) und Verkehrswert (Marktwert).

Indexberechnung

Für Aktienindizes gibt es verschiedene Berechnungsarten. Grundsätzlich wird zwischen Preisindizes (arithmetischer, geometrischer Durchschnitt; marktkapitalisierter Index) und Performance-Indizes unterschieden.

Index-Berechnung

Eckdaten

Aktie A:	20 Aktien à 10 Fr.
Aktie B:	50 Aktien à 20 Fr.
Aktie C:	10 Aktien à 27 Fr.
Kursanstieg Aktie C um 20%	

Arithmetischer Durchschnitt, z. B. Dow Jones Industrial Average

$$\text{Durchschnitt} = \frac{\text{Kurs 1} + \text{Kurs 2} + \text{Kurs 3} + \ldots + n}{n} = \frac{10 + 20 + (27 \times 1{,}2)}{3} = 20.80 \text{ Fr.}$$

Der arithmetische Durchschnitt erhöht sich um 9,5%.

Geometrischer Durchschnitt, z. B. Value Line Index, FT-SE 30

$$\text{Durchschnitt} = \sqrt[n]{\text{Kurs 1} \times \text{Kurs 2} \times \text{Kurs 3} \times \ldots \times n} = \sqrt[3]{10 \times 20 \times (27 \times 1{,}2)} = 18.60 \text{ Fr.}$$

Der geometrische Durchschnitt erhöht sich um 6,3%.

Marktkapitalisierter Preisindex, z. B. SMI

$$\text{Indexwert} = \frac{\text{aktuelle Marktkapitalisierung}}{\text{Marktkapitalisierung Basisperiode}} \times \text{Indexbasiswert}$$

$$= \frac{10 \times 20 + 20 \times 50 + 27 \times 10 \times 1{,}2}{10 \times 20 + 20 \times 50 + 27 \times 10} \times 100 = 103{,}7$$

Der marktkapitalisierte Index erhöht sich um 3,7%.

Marktkapitalisierter Performance-Index, z. B. SPI
Neben der Marktkapitalisierung werden auch Dividendenausschüttungen berücksichtigt.

$$\text{Indexwert} = \frac{\text{akt. Marktkapitalisierung} + \text{ausgeschüttete Dividende}}{\text{Marktkapitalisierung Basisperiode}} \times \text{Indexbasiswert}$$

Innerer Wert einer Aktie, Net asset value NAV

Ergibt sich aus dem ausgewiesenen [149] Eigenkapital plus der [151] stillen Reserven, dividiert durch die Anzahl Titel ([146] Buchwert). Liegt der aktuelle Kurs tiefer als der geschätzte innere Wert einer Aktie, kann dies ein Hinweis auf eine Unterbewertung, eine ungenügende Liquidität im Handel dieser Aktie oder auf besondere interne oder externe Risikofaktoren des Unternehmens sein.

Innerer Wert einer Aktie

Eckdaten

Eigenkapital	5,5 Mio. Fr.
Stille Reserven	2,5 Mio. Fr.
Anteile im Umlauf	2000 Aktien

$$\text{Innerer Wert} = \frac{\text{Eigenkapital} + \text{stille Reserven}}{\text{Anzahl Aktien}} = 4000 \text{ Fr.}$$

International accounting standards IAS

Internationale Rechnungslegungsnorm, die vom International Accounting Standards Committee (IASC) verfasst wurde. Sie ermöglicht die Vergleichbarkeit zwischen Unternehmen, welche die IAS anwenden. In Europa haben sich IAS zu Lasten der EU-Richtlinien zum meistverbreiteten Rechnungslegungsstandard mittlerer und grosser Konzerne entwickelt.

| Kapitalwert, Net present value NPV | Summe aller auf einen festgelegten Bezugszeitpunkt zu einem bestimmten Zinssatz diskontierten Geldströme, die als Folge der Investition entstehen (Kapitaleinsatz, Kosten, Erträge, Liquidationserlös). |

Konsolidierung

Die ⬛144 Bilanzen und ⬛137 Erfolgsrechnungen der Tochtergesellschaften werden in einer gemeinsamen ⬛154 Konzernrechnung nach einheitlichen Kriterien (⬛153 IAS, ⬛150 Fer) zusammengefasst.

Konzernrechnung

⬛154 Konsolidierte Jahresrechnung gemäss Art. 663e ff. des Obligationenrechts (OR).

Korrelation

Statistisches Mass, das den linearen Zusammenhang zwischen zwei Zahlenreihen (z. B. ⬛39 Performance einer ⬛20 Aktie und des Marktes) misst. Definitionsgemäss bewegt sich die Korrelation zwischen +1 und –1. Ein Wert von +1 (–1) bedeutet, dass sich Index und Aktie konstant gleichgerichtet (entgegengesetzt) bewegen.

Kurs-Buchwert-Verhältnis, Price-book value ratio

Berechnet sich aus dem Aktienkurs im Verhältnis zum ⬛149 Eigenkapital je dividendenberechtigte ⬛20 Aktie.

Kurs-Gewinn-Verhältnis KGV, Price-earnings ratio, P/E ratio

Aktienkurs im Verhältnis zum erwirtschafteten oder erwarteten ⬛151 Gewinn pro dividendenberechtigte Aktie (KGV, P/E, PER). Die Relation gibt an, wie viele Male der Gewinn pro Aktie im Aktienkurs enthalten ist. Anhand der P/E ratio können verschiedene Aktien innerhalb einer Branche verglichen werden.

Kurs-Gewinn-Verhältnis

Eckdaten

Aktueller Aktienkurs: 1200 Fr.

	Gewinn pro Aktie (EPS)	P/E ratio
1999	120 Fr.	10
2000	140 Fr. erwartet	8,6
2001	160 Fr. erwartet	7,5

Kurs-Umsatz-Verhältnis Bewertungskennzahl, die zeigt, wie oft der Umsatz bzw. Ertrag pro Aktie im Aktienkurs enthalten ist. Eine identische Aussage resultiert, wenn der 145 Börsenwert in Relation zum Umsatz bzw. Ertrag gesetzt wird.

Leverage-Effekt Hebelwirkung (Leverage = Hebelkraft) auf die Ertragskraft des 146 Eigenkapitals, welche durch kreditmässig finanzierte Investitionen entsteht. Während der aufgenommene Kredit fest verzinslich ist, kommt ein darüber hinausgehender Ertrag dem Gewinn zugute.

Leverage-Effekt

Eckdaten

Eigenkapital EK:	80 Mio. Fr.
Fremdkapital FK:	40 Mio. Fr. oder 80 Mio. Fr.
Fremdkapitalzins:	8%
Gesamtkapitalrendite r_{EK+FK}:	12%

$$\text{Eigenkapitalrendite} = r_{EK+FK} + \left(r_{EK+FK} - \text{Fremdkapitalzins}\right) \times \frac{FK}{EK}$$

$$= 12\% + (12\% - 8\%) \times \frac{40}{80} = 14\%$$

$$= 12\% + (12\% - 8\%) \times \frac{80}{80} = 16\%$$

Der Chance, die Eigenkapitalrendite durch Erhöhung des Verschuldungsgrades zu steigern, steht die Zunahme des finanzwirtschaftlichen Risikos des Unternehmens gegenüber.

Liquidität, Zahlungsbereitschaft 1. Fähigkeit eines Unternehmens zur fristgerechten Erfüllung der Zahlungsverpflichtungen. Als Liquiditätskennzahlen gebräuchlich sind die Cash ratio, die in Prozent ausdrückt, wieviel des kurzfristigen 151 Fremdkapitals durch liquide Mittel gedeckt ist, die Quick ratio, die zeigt, wieviel des kurzfristigen Fremdkapitals durch liquide Mittel und Forderungen gedeckt ist, und die Current ratio. Letztere setzt alle Aktiven des 160 Umlaufvermögens ins Verhältnis zum kurzfristigen 151 Fremdkapital.
2. Hohe Marktgängigkeit eines 47 Wertpapiers, die auf der Vielzahl der im Umlauf befindlichen Titel gründet.

Markowitz-Modell	Beschreibt, wie die ⬛148Diversifikation eines ⬛139Wertschriftenportefeuilles rational gestaltet werden soll, so dass ein für den ⬛51Anleger effizientes Portefeuille entsteht. Als effizient wird das Portefeuille dann bezeichnet, wenn die ⬛157Rendite bei einem bestimmten ⬛158Risiko maximal bzw. das Risiko bei einer bestimmten Rendite minimal ist.
Marktrisiko	Bezeichnet die Preis- und Renditeschwankungen (z. B. ⬛139Zinsänderungen) im gesamten Markt.
Mittelflussrechnung, Geldflussrechnung	Weist alle liquiditätswirksamen Bewegungen während einer Geschäftsperiode aus, unterteilt in den Mittelfluss bzw. Geldfluss aus Geschäfts-, Investitions- und Finanzierungstätigkeit.
Nettoverschuldung, Netto-Cash-Position	Entspricht der Differenz von verzinslichen Finanzverbindlichkeiten zu den flüssigen Mitteln und Wertschriften des ⬛160Umlaufvermögens. Ist die Differenz negativ, spricht man von Netto-Cash-Position.
Niederstwertprinzip	Regel, wonach ⬛142Aktiven entweder zum Einstandspreis abzüglich ⬛142Abschreibungen oder zum tieferen Marktpreis bilanziert werden.
Passiven	In der ⬛144Bilanz aufgeführte Ansprüche der Geldgeber an ein Unternehmen (⬛151Fremdkapital, ⬛146Eigenkapital). Gegensatz: ⬛142Aktiven.
Price-earnings to growth ratio Peg	⬛154P/E in Relation zum erwarteten jährlichen Gewinnwachstum. Eine Peg unter 1 gilt als tief. Hat z. B. eine Aktie eine eher hohe P/E von 30, errechnet sich bei einer jährlichen Gewinnwachstumsrate von 35% eine tiefe Peg von 0,9. Bei der Interpretation ist zu beachten, dass diese Kennzahl nur aussagekräftig ist, falls hohes Ge-

winnwachstum nicht Ausdruck des Basiseffekts nach einem Gewinneinbruch ist und sich die geschätzte Gewinnwachstumsrate auf einen Zeitraum von mindestens drei bis fünf Jahre bezieht.

Purchase-Methode   Rechnet das konsolidierungspflichtige Kapital gegen den Wert der [144] Beteiligungen im Erwerbszeitpunkt auf. Die Kapitalaufrechnungsdifferenz bleibt abgesehen von der [142] Abschreibung auf die in ihr enthaltenen [157] stillen Reserven und vom [151] Goodwill unverändert. Gegensatz: [147] deutsche Methode.

Quotenkonsolidierung   Erfasst im Gegensatz zur Vollkonsolidierung die Abschlüsse der Tochtergesellschaften quotenmässig zum Anteil der [144] Beteiligungshöhe. Die Quotenkonsolidierung wird vor allem für die [154] Konsolidierung von [32] Joint-ventures (Beteiligungsanteil 50%) verwendet.

Rechnungsabgrenzungen   In der [144] Bilanz aufgeführte transitorische Aktiven und Passiven, z. B. Ausgaben, die im abgelaufenen Geschäftsjahr bezahlt worden sind, jedoch das neue Geschäftsjahr betreffen (transitorische Aktiven).

Rendite   In Prozenten ausgedrückter Ertrag einer Kapitalanlage. Die Aktienrendite berechnet sich aus der in einem Jahr ausgeschütteten [26] Dividende in Prozenten des Kurses. Für [37] Obligationen wird normalerweise die [40] Rendite auf Verfall angegeben.

Reserven   Aus dem unverteilten, im Unternehmen zurückbehaltenen Gewinn gebildete eigene Mittel. Die Reserven erfüllen einerseits eine wichtige Sicherheitsfunktion, drücken aber anderseits auf die [149] Eigenkapitalrendite.

Reserven, freiwillige

Die über das gesetzliche Minimum hinaus gebildeten Reserven. Dabei ist zu unterscheiden zwischen den statutarischen Reserven und den durch Beschluss der Generalversammlung einer ■20Aktiengesellschaft geäufneten Reserven.

Reserven, gesetzliche

■157Reserven, deren Bildung gesetzlich vorgeschrieben ist (z. B. durch das Aktienrecht). Banken müssen grundsätzlich 5 % des jährlichen Reingewinns einem Reservefonds überweisen.

Reserven, stille

Die aus der ■144Bilanz nicht ersichtlichen ■157Reserven eines Unternehmens, z. B. wenn der ■161Verkehrswert der ■142Aktiven höher liegt als der bilanzierte Wert.

Risiko

In der Finanzmarkttheorie wird das Risiko einer Anlage an den Ertragsschwankungen gemessen. Risiko und Ertrag stehen theoretisch in einem direkten Zusammenhang: Je höher das eingegangene Risiko ist, desto grösser sollte längerfristig der Ertrag der entsprechenden Anlage ausfallen.

Risiko-Rendite-Beziehungen einiger Anlageinstrumente*

erwartete Rendite

Futures
Optionen
Immobilienfonds
Blue chips
Wandelanleihen
Zero bonds
Bundesobligationen
Geldmarktfonds
Treasury bills

Risiko der Anlage

* ohne Berücksichtigung der Währungsentwicklung

Risikoprämie

Differenz zwischen dem ■91risikofreien Zinssatz und dem erwarteten ■160Total return einer Anlage (wird bei ■37Obligationen auch als ■42Spread bezeichnet). Je höher das Risiko einer Anlage ist, desto höher muss die

Risikoprämie sein. Zudem werden Renditeunterschiede zwischen verschiedenen Anlageformen (z. B. Aktien und Obligationen) als Risikoprämien bezeichnet.

Rückstellungen Zu Lasten der 149Erfolgsrechnung in der 144Bilanz gebildete Passivposten zur Deckung künftiger Verpflichtungen oder voraussichtlicher Verluste.

Segmentinformation Im Anhang zur 144Bilanz und 149Erfolgsrechnung eines Unternehmens aufgelistete, ergänzende Informationen, nach Unternehmensbereichen und geographischen Kriterien geordnet. Wird von der 153IAS vorgeschrieben.

Sharpe ratio Kennziffer, die 39Performance und 158Risiko (161Volatilität) einer 20Aktie oder eines 139Portefeuilles in einer Zahl zusammenfasst. Eine hohe Sharpe ratio bedeutet, dass mit einem geringen Risiko eine gute Performance erzielt worden ist.

Standardabweichung Statistisches Streuungsmass, das die Verteilung eines Werts (z. B. 157Rendite einer 20Aktie) im Zeitverlauf um einen Mittelwert angibt. Die Standardabweichung ist die Quadratwurzel der 161Varianz.

Standardabweichung	
Eckdaten	
Jährliche, erwartete Aktienrendite:	15%
Standardabweichung:	20%

Unter Voraussetzung der Normalverteilung liegt in zwei Dritteln aller Fälle die jährliche Aktienrendite zwischen –5% und 35%.

Steuerkurs Für die Besteuerung massgebender Kurs eines 47Wertpapiers. Für zahlreiche Wertpapiere werden von der Steuerverwaltung in einer speziellen Liste Steuerkurse festgelegt, die für die Steuerveranlagung verbindlich sind.

Substanzwert Materielles und immaterielles Unternehmensvermögen, das zur Leistungserstellung eingesetzt wird. Gegensatz: ▊150 Ertragswert.

Systematisches Risiko ▊158 Risiko, das den gesamten Markt gleichermassen betrifft und nicht durch ▊148 Diversifikation reduziert werden kann. Gegenteil: ▊160 unsystematisches Risiko.

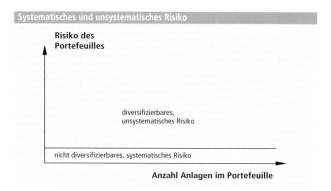

Total return Gesamte ▊157 Rendite eines ▊47 Wertpapiers oder eines ▊139 Wertschriftenportefeuilles. Der Total return einer ▊20 Aktie setzt sich aus den Kursveränderungen, ▊26 Dividendenausschüttungen und Nennwertrückzahlungen zusammen.

True and fair view Grundsatz, gemäss dem der Geschäftsbericht einen detaillierten Einblick in die tatsächliche Vermögens- und Ertragslage eines Unternehmens ermöglichen soll.

Umlaufvermögen Jener Teil der ▊142 Aktiven, der kurzfristig eingesetzt wird.

Unsystematisches Risiko Hängt von Faktoren ab, die ausschliesslich die Kurse einzelner Titel beeinflussen, bei ▊20 Aktien z. B. Unternehmensergebnisse. Dieses ▊158 Risiko kann im Gegensatz zum ▊160 systematischen Risiko wegdiversifiziert werden.

Unternehmensbewertung　Ermittlung des ökonomischen Werts eines Unternehmens. Die ⬛147 DFC-Methode hat dabei das alte Mittelwertfahren (gewichteter ⬛160 Substanz- und ⬛150 Ertragswert) zunehmend verdrängt.

Unternehmenswert,
Enterprise value EV　Wird berechnet, indem zum ⬛145 Börsenwert die ⬛156 Nettoverschuldung subtrahiert bzw. die ⬛156 Netto-Cash-Position addiert wird und ist vor allem bei Firmenübernahmen von Bedeutung.

US-Gaap　In den USA zwingend anzuwendende Vorschriften (Generally accepted accounting principles, Gaap) für die Rechnungslegung kotierter Unternehmen.

Value at risk VAR　Möglicher Gewinn oder Verlust einer Position, eines ⬛139 Portefeuilles oder eines Unternehmens als Folge einer Marktpreisänderung, wie sie mit gegebener Wahrscheinlichkeit innerhalb eines bestimmten Zeitraums eintreten kann.

Varianz　⬛159 Risiko einer Anlage oder eines ⬛139 Portefeuilles. Die Varianz errechnet sich aus der Abweichung der einzelnen Renditen von der durchschnittlichen ⬛157 Rendite in einer bestimmten Zeitperiode. Eine hohe Varianz bedeutet ein hohes Risiko. Quadrat der ⬛159 Standardabweichung.

Verkehrswert　Entspricht dem Preis, der beim Verkauf (z. B. einer Liegenschaft) erzielt wird.

Volatilität　Mass für die Schwankungen einer ⬛47 Wertpapierrendite innerhalb einer bestimmten Periode. Meistens wird sie als die auf Jahresbasis umgerechnete ⬛159 Standardabweichung beziffert (⬛81 historische Volatilität, ⬛82 implizite Volatilität).

Wertberichtigung Anpassung des Werts von 142 Aktivposten an den realisierbaren Nutzwert. Abwertungen müssen erfolgswirksam verbucht werden.

Window dressing Bezeichnung für die unterschiedlichen buchhalterischen Massnahmen zur Verbesserung des 144 Bilanzbildes, z. B. die kurzfristige Beschaffung von zusätzlichen flüssigen Mitteln auf den Bilanztag.

Zinseszins Verzinsung des Zinses für einen während mehrerer Jahre angelegten Kapitalbetrag.

Zinseszins	
Eckdaten	
Anfangskapital:	200 000 Fr.
Zinssatz:	8%
Laufzeit:	5 Jahre
Endkapital =	Anfangskapital x (1+ Zinssatz)^{Laufzeit} = 293 866 Fr.

Ämter, Börsen, Verbände

Bundesamt für
  Privatversicherungen 166
Bundesamt für
  Sozialversicherung 166
Economiesuisse (Verband der
  Schweizer Unternehmen) 166
Eidgenössische
  Bankenkommission 166
Eurex 166
Fondation Genève
  Place Financière 166
Ombudsstelle der Privatversi-
  cherung und der Suva 166
Ombudsstelle der Schweizer
  Banken 166
Schweizerische
  Bankiervereinigung 167
Schweizerischer
  Arbeitgeberverband 167

Schweizerischer
  Gewerkschaftsbund 167
Schweizerischer
  Versicherungsverband 167
Schweizerische Vereinigung
  für Finanzanalyse und
  Vermögensverwaltung 167
Schweizer Verband
  der Raiffeisenbanken 167
SWX Swiss Exchange 167
Verband der Auslandsbanken
  in der Schweiz 167
Verband Schweizerischer
  Kantonalbanken 167
Verband Schweizerischer
  Versicherungsbroker (SIBA) 168
Vereinigung Schweizerischer
  Privatbankiers 168
World Trade Organization 168

Banken und Versicherungen

Bâloise 169
Bank Coop 169
Bank Leu 169
Bank Linth 169
Bank Sarasin 169
Banque Cantonale de Genève 169
Banque Cantonale du Jura 169
Banque Cantonale Vaudoise 169
Banque Privée Edmond
  de Rothschild 170
Basellandschaftliche
  Kantonalbank 170
Basler Kantonalbank 170
Berner Kantonalbank 170
Converium 170
Credit Suisse Group 170
EFG Bank European
  Financial Group 170
Generali (Schweiz) Holding 170
Gotthard Bank
  (Banca del Gottardo) 170
Graubündner Kantonalbank 171
Helvetia Patria 171
HSBC Republic Bank (Suisse) 171
Hypothekarbank Lenzburg 171
Julius Bär Holding 171
Liechtenstein Global Trust 171
Liechtensteinische Landesbank 171
Lombard Odier Darier Hentsch 171

Luzerner Kantonalbank 171
Luzerner Regiobank 172
Migrosbank 172
National (Schweiz. National-
  Versicherungs-Gesellschaft) 172
OZ Holding 172
Pictet & Cie. 172
Postfinance 172
RBA-Holding 172
Rentenanstalt/Swiss Life 172
Schweizerische Nationalbank 173
St. Galler Kantonalbank 173
St. Gallische Creditanstalt 173
Swissfirst 173
Swissquote Group Holding 173
Swiss Re 173
UBS 173
Union Bancaire Privée 173
Valiant Holding 173
Vaudoise Versicherungen
  Holding 174
Verwaltungs- und Privat-Bank 174
Vontobel Holding 174
Walliser Kantonalbank 174
Winterthur Versicherungen 174
Zuger Kantonalbank 174
Zürcher Kantonalbank 174
Zurich Financial Services Group 174

Ämter, Verbände, Börsen

Bundesamt **für Privatversicherungen BPV**	Friedheimweg 14, 3003 Bern Telefon 031 322 79 11, Fax 031 323 71 56 www.bpv.admin.ch
Bundesamt **für Sozialversicherung BSV**	Effingerstrasse 20, 3003 Bern Telefon 031 322 90 11 Fax 031 322 78 80 www.bsv.admin.ch
Economiesuisse (Verband **der Schweizer Unternehmen)**	Hegibachstrasse 47, Postfach, 8032 Zürich Telefon 01 421 35 35, Fax 01 421 34 34 www.economiesuisse.ch
Eidgenössische Banken- **kommission EBK**	Schwanengasse 12, 3001 Bern Telefon 031 322 69 11, Fax 031 322 69 26 www.ebk.admin.ch
Eurex	Selnaustrasse 30, Postfach, 8021 Zürich Telefon 01 229 29 99, Fax 01 229 22 54 www.eurex.ch
Fondation Genève Place **Financière**	10, Cours de Rive, Case Postale 3237, 1211 Genève 3 Telefon 022 849 19 19, Fax 022 849 19 20 www.geneva-finance.ch
Ombudsstelle der Privat- **versicherung und der Suva**	Kappelergasse 15, 8022 Zürich Telefon 01 211 30 90, Fax 01 212 52 20 www.ombudsman-assurance.ch
Ombudsstelle der **Schweizer Banken**	Schweizergasse 21, Postfach 1818, 8021 Zürich Telefon 01 213 14 50, Fax 01 210 37 20 www.bankingombudsman.ch

Schweizerische Bankiervereinigung SBVg	Aeschenplatz 7, 4052 Basel Telefon 061 295 93 93, Fax 061 272 53 82 www.swissbanking.org
Schweizerischer Arbeitgeberverband	Hegibachstrasse 47, Postfach, 8032 Zürich Telefon 01 421 17 17, Fax 01 421 17 18 www.arbeitgeber.ch
Schweizerischer Gewerkschaftsbund SGB	Monbijoustrasse 61, Postfach 64, 3000 Bern 23 Telefon 031 377 01 01, Fax 031 377 01 02 www.sgb.ch
Schweizerischer Versicherungsverband SVV	C. F. Meyer-Strasse 14, 8002 Zürich Telefon 01 208 28 28, Fax 01 208 28 00 www.svv.ch
Schweizerische Vereinigung für Finanzanalyse und Vermögensverwaltung	Feldstrasse 80, 8180 Bülach Telefon 01 872 35 40, Fax 01 872 35 32 www.svfvasag.ch
Schweizer Verband der Raiffeisenbanken	Vadianstrasse 17, Postfach, 9001 St. Gallen Telefon 071 225 88 88, Fax 071 225 88 87 www.raiffeisen.ch
SWX Swiss Exchange	Selnaustrasse 30, Postfach, 8021 Zürich Telefon 01 229 21 11, Fax 01 229 22 33 www.swx.ch
Verband der Auslandsbanken in der Schweiz	Löwenstrasse 51, 8023 Zürich Telefon 01 224 40 70, Fax 01 221 00 29 www.foreignbanks.ch
Verband Schweizerischer Kantonalbanken	Wallstrasse 8, 4051 Basel Telefon 061 206 66 66, Fax 061 206 66 67 www.vskb.ch, www.kantonalbanken.ch

Verband Schweizerischer Versicherungsbroker (SIBA)	Kreuzstrasse 42, 8008 Zürich Telefon 01 254 99 70, Fax 01 254 99 60 www.siba.ch
Vereinigung Schweizerischer Privatbankiers	8, rue Bovy-Lysberg, Postfach 5639, 1211 Genève 11 Telefon 022 807 08 04, Fax 022 320 12 89 www.swissprivatebankers.ch
World Trade Organization WTO	Centre William Rappard 154, rue de Lausanne, 1211 Genève 21 Telefon 022 739 51 11, Fax 022 731 42 06 www.wto.org

Banken und Versicherungen

Bâloise	Aeschengraben 21, 4002 Basel Telefon 061 285 85 85, Fax 061 285 70 70 www.baloise.com
Bank Coop	Dufourstrasse 50, 4002 Basel Telefon 061 286 21 21, Fax 061 271 45 95 www.bankcoop.ch
Bank Leu	Bahnhofstrasse 32, Postfach, 8022 Zürich Telefon 01 219 11 11, Fax 01 219 31 97 www.leu.com
Bank Linth	Zürcherstrasse 3, 8730 Uznach Telefon 055 285 71 11, Fax 055 285 72 57 www.banklinth.ch
Bank Sarasin	Elisabethenstrasse 62, Postfach, 4002 Basel Telefon 061 277 77 77, Fax 061 272 02 05 www.sarasin.ch
Banque Cantonale de Genève	17, quai de l'Ile, 1204 Genève Telefon 022 317 27 27, Fax 022 317 81 71 www.bcge.ch
Banque Cantonale du Jura	Rue de la Chaumont 10, 2900 Porrentruy Telefon 032 465 13 31, Fax 032 465 14 95 www.bcju.ch
Banque Cantonale Vaudoise	Place Saint-François 14, 1001 Lausanne Telefon 0848 808 880, Fax 021 212 12 22 www.bcv.ch

Banque Privée Edmond de Rothschild	18, rue de Hesse, 1204 Genève Telefon 022 818 91 11, Fax 022 818 91 21 www.lcf-rothschild.ch
Basellandschaftliche Kantonalbank	Rheinstrasse 7, Postfach, 4410 Liestal Telefon 061 925 94 94, Fax 061 925 94 11 www.blkb.ch
Basler Kantonalbank	Spiegelgasse 2, 4002 Basel Telefon 061 266 21 21, Fax 061 261 84 34 www.bkb.ch
Berner Kantonalbank	Bundesplatz 8, 3001 Bern Telefon 031 666 11 11, Fax 031 666 60 40 www.bekb.ch
Converium	Baarerstrasse 8, 6300 Zug Telefon 01 639 90 22, Fax 01 639 90 59 www.converium.com
Credit Suisse Group	Paradeplatz 8, Postfach 1, 8070 Zürich Telefon 01 212 16 16, Fax 01 333 25 87 www.credit-suisse.com
EFG Bank European Financial Group	24, Quai du Seujet, 1211 Genève 2 Telefon 022 906 72 72 Fax 022 906 72 73 www.efggroup.com
Generali (Schweiz) Holding	Soodmattenstrasse 10, 8134 Adliswil Tel. 01 712 40 40, Fax 01 712 44 25 www.generali.ch
Gotthard Bank (Banca del Gottardo)	Viale Stefano Franscini 8, 6901 Lugano Telefon 091 808 11 11, Fax 091 923 94 87 www.gottardo.com

Graubündner Kantonalbank	Postfach, 7002 Chur Telefon 081 256 91 11, Fax 081 252 67 29 www.gkb.ch
Helvetia Patria	Dufourstrasse 40, 9001 St. Gallen Telefon 071 493 51 11, Fax 071 493 51 00 www.helvetiapatria.com
HSBC Republic Bank (Suisse)	2, Rue Alfred-Vincent, 1211 Genève 1 Telefon 022 705 55 55, Fax 022 705 51 51 www.hsbc.com
Hypothekarbank Lenzburg	Bahnhofstrasse 2, 5600 Lenzburg Telefon 062 885 11 11, Fax 062 885 15 95 www.hbl.ch
Julius Bär Holding	Postfach, 8010 Zürich Telefon 058 888 1111, Fax 058 888 1122 www.juliusbaer.com
Liechtenstein Global Trust LGT	Herrengasse 12, 9490 Vaduz/FL Telefon +423 235 11 22, Fax +423 235 15 22 www.lgt.com
Liechtensteinische Landesbank LLB	Städtle 44, Postfach 384, 9490 Vaduz/FL Telefon +423 236 88 11, Fax +423 236 88 22 www.llb.li
Lombard Odier Darier Hentsch	11, rue de la Corraterie, 1204 Genève Telefon 022 709 21 11, Fax 022 709 29 11 http://www.lombardodierdarierhentsch.com
Luzerner Kantonalbank	Pilatusstrasse 12, Postfach, 6002 Luzern Telefon 0844 822 811, Fax 041 206 22 00 www.lukb.ch

Luzerner Regiobank	Pilatusstrasse 22, Postfach 3639, 6002 Luzern Telefon 041 248 66 55, Fax 041 248 67 99 www.luzerner-regiobank.ch
Migrosbank	Seidengasse 12, 8023 Zürich Telefon 01 229 81 11, Fax 01 229 87 15 www.migrosbank.ch
National (Schweizerische National-Versicherungs-Gesellschaft)	Steinengraben 41, 4003 Basel Telefon 061 275 21 11, Fax 061 275 26 56 www.national.ch
OZ Holding	Churerstrasse 47, Postfach, 8808 Pfäffikon SZ Telefon 01 215 63 00, Fax 01 215 63 90 www.ozholding.ch
Pictet & Cie.	29, boulevard Georges-Favon, 1211 Genève 11 www.pictet.com Telefon 058 323 23 23, Fax 058 323 23 24
Postfinance	Die Schweizerische Post, Postfinance Engehaldenstrasse 37, 3013 Bern Telefon 031 338 11 11, Fax 031 338 79 21 www.postfinance.ch
RBA-Holding	Zieglerstrasse 30, Postfach, 3000 Bern 14 Telefon 031 660 44 44, Fax 031 660 44 55 www.rba-holding.ch
Rentenanstalt/Swiss Life	General Guisan-Quai 40, 8022 Zürich Telefon 01 284 35 02, Fax 01 281 44 41 www.swisslife.com

Schweizerische Nationalbank SNB	Bundesplatz 1, 3011 Bern Telefon 031 327 02 11, Fax 031 327 02 21 www.snb.ch
St. Galler Kantonalbank	St. Leonhardstrasse 25, 9001 St. Gallen Telefon 071 231 31 31, Fax 071 231 32 32 www.sgkb.ch
St. Gallische Creditanstalt	Marktplatz 1, 9004 St. Gallen Telefon 071 226 73 73, Fax 071 226 75 00 www.casg.ch
Swissfirst	Gotthardstrasse 20, 6304 Zug Telefon 041 729 34 08, Fax 041 729 34 19 www.swissfirst.ch
Swissquote Group Holding	Route des Avouillons 16, 1196 Gland Telefon 022 999 67 67, Fax 022 999 67 68
Swiss Re	Mythenquai 50/60, Postfach, 8022 Zürich Telefon 01 285 21 21, Fax 01 285 29 99 www.swissre.com
UBS	Postfach, 8098 Zürich Postfach, 4002 Basel Telefon 01 234 11 11 Telefon 061 288 20 20 Fax 01 236 51 11 Fax 061 288 45 76 www.ubs.com
Union Bancaire Privée	96–98, rue du Rhône, 1204 Genève Telefon 022 819 21 11, Fax 022 819 22 00 www.ubp.ch
Valiant Holding	Laupenstrasse 7, 3001 Bern Telefon 031 310 71 11, Fax 031 310 71 12 www.valiant.ch

Vaudoise Versicherungen Holding	Place de Milan, 1001 Lausanne Telefon 021 618 80 80, Fax 021 618 81 81 www.vaudoise.ch
Verwaltungs- und Privat-Bank (VP Bank)	Im Zentrum, 9490 Vaduz/FL Telefon +423 235 66 55, Fax +423 235 65 00 www.vpbank.com
Vontobel Holding	Tödistrasse 27, 8022 Zürich Telefon 01 283 59 00, Fax 01 283 75 00 www.vontobel.ch
Walliser Kantonalbank	Place des Cèdres 8, 1950 Sion Telefon 027 324 61 11, Fax 027 324 66 66 www.wkb.ch
Winterthur Versicherungen	General Guisan-Strasse 40, 8401 Winterthur Telefon 052 261 11 11 (Insurance) und 052 261 21 21 (Life and Pensions) Fax 052 213 66 20 (Insurance) und 052 261 47 47 (Life and Pensions)
Zuger Kantonalbank	Baarerstrasse 37, 6301 Zug Telefon 041 709 11 11, Fax 041 709 15 55 www.zugerkb.ch
Zürcher Kantonalbank	Postfach, 8010 Zürich Telefon 01 293 93 93, Fax 01 292 38 02 www.zkb.ch
Zurich Financial Services Group	Mythenquai 2, 8002 Zürich Telefon 01 625 25 25, Fax 01 625 35 55 www.zurich.com